少年读诸子百家

# 少年读吕氏春秋

李　楠　主编

民主与建设出版社
·北京·

图书在版编目（CIP）数据

少年读吕氏春秋 / 李楠主编 . -- 北京：民主与建设出版社，2020.7

（少年读诸子百家；3）

ISBN 978-7-5139-3074-1

Ⅰ.①少… Ⅱ.①李… Ⅲ.①杂家②《吕氏春秋》—少年读物 Ⅳ.① B229.2-49

中国版本图书馆 CIP 数据核字（2020）第 101690 号

**少年读吕氏春秋**
SHAONIAN DU LUSHI CHUNQIU

主　　编　宋立涛
责任编辑　刘树民
总 策 划　李建华
封面设计　黄　辉
出版发行　民主与建设出版社有限责任公司
电　　话　（010）59417747　59419778
社　　址　北京市海淀区西三环中路 10 号望海楼 E 座 7 层
邮　　编　100142
印　　刷　三河市燕春印务有限公司
版　　次　2020 年 8 月第 1 版
印　　次　2020 年 8 月第 1 次印刷
开　　本　850mm×1168mm　1/32
印　　张　5 印张
字　　数　133 千字
书　　号　ISBN 978-7-5139-3074-1
定　　价　198.00 元（全六册）

注：如有印、装质量问题，请与出版社联系。

前言

　　《吕氏春秋》是在秦国丞相吕不韦主持下，集合门客们编撰的一部黄老道家名著。成书于秦始皇统一中国前夕。

　　吕不韦（前292年～前235年），卫国濮阳（今河南省安阳市滑县）人。战国末年著名商人、政治家、思想家，官至秦国丞相。

　　本书以道家思想为主干贯穿全书始终，融合各家学说。吕不韦想以此作为大一统后的意识形态。但后来执政的秦始皇却选择了法家思想，使包括道家在内的诸子百家全部受挫。《吕氏春秋》集先秦道家之大成，是先秦道家的代表作，全书共分十二卷，一百六十篇，二十余万字。《吕氏春秋》作为十二纪、八览、六论，注重博采众家学说，兼采阴阳、儒墨、名法、兵农诸家学说而贯通完成的一部著作。《汉书·艺文志》等将其列入杂家。高诱说《吕氏春秋》"此书所尚，以道德为标的，以无为为纲纪"。

　　《吕氏春秋》是中国历史上第一部有组织按计划编写的文集，上应天时，中察人情，下观地利，以道家思想为基调，坚持无为而治的行为准则，用儒家伦理定位价值尺度，吸收墨家的公正观念、

1

名家的思辨逻辑、法家的治国技巧，加上兵家的权谋变化和农家的地利追求，形成一套完整的国家治理学说。

《吕氏春秋》全书结构完整，自成体系。它的哲学思想、政治思想以及它所保留的科学文化方面的历史资料，是我们民族的一份珍贵遗产。

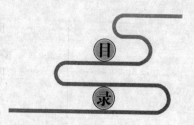

# 孟春纪

## 孟 春

孟春之月：日在营室，昏参中，旦尾中①。其日甲乙。其帝太皞②。其神句芒③。其虫鳞。其音角。律中太蔟④。其数八。其味酸，其臭⑤膻。其祀户，祭先脾。东风解冻。蛰⑥虫始振。鱼上  冰。獭⑦祭鱼。候雁北。天子居青阳左个，乘鸾辂⑧，驾苍龙，载青旂，衣青衣，服青玉，食麦与羊。其器疏以达。

是月也，以立春。先立春三日，太史谒之天子曰："某日立春，盛德在木。"天子乃斋。立春之日，天子亲率三公、九卿、诸侯、大夫以迎春于东郊。还，乃赏公卿诸侯大夫于朝。命相布德和令，行庆施惠，下及兆民。庆赐遂行，无有不当。乃命太史，守典奉法，司天日、月星辰之行，宿离不忒，无失经纪，以初为常。

是月也，天子乃以元日祈谷于上帝。乃择元辰，天子亲载耒耜，措之参于保介之御间，率三公、九卿、诸侯、大夫躬耕帝籍田，天子三推，三公五推，卿、诸侯、大夫九推。反，执爵于太寝，三公、九卿、诸侯、大夫皆御，命曰"劳酒"。

是月也，天气下降，地气上腾，天地和同，草木繁动。王布农事：命田舍东郊，皆修封疆，审端径术，善相丘陵阪险原隰，土地所宜，五谷所殖，以教道民，必躬亲之。田事既饬，先定准直，农乃不惑。

是月也，命乐正入学习舞。乃修祭典，命祀山林川泽，牺牲无用牝。禁止伐木，无覆巢，无杀孩虫胎夭飞鸟，无麛无卵，无聚大众，无置城郭，掩骼埋胔。

是月也，不可以称兵，称兵必有天殃。兵戎不起，不可以从我始。无变天之道，无绝地之理，无乱人之纪。

孟春行夏令，则风雨不时，草木早槁，国乃有恐。行秋令，则民大疫，疾风暴雨数至，藜莠蓬蒿并兴。行冬令，则水潦为败，霜雪大挚，首种不入。

**注　释**

①营、参、尾：都是二十八星宿的名字。

②太皞：伏羲氏，又叫木德之帝。

③句芒：太皞氏的儿子，木官之神。

④太蔟：即阳律。古人把乐律与历法相结合，一年十二个月与十二律相配。

⑤臭：气味。

⑥蛰：动物冬眠。

⑦獭：一种野兽。

⑧辂：古代的大车。

**译　文**

春季首月：太阳在营室（星宿）位置，傍晚参宿在中天（正南方），早晨尾宿在中天。这月的太阳在甲乙方（东方）。这月的帝王是太皞，掌管的神是句芒，代表动物是鳞，代表的音是五音中的角音，音律则合乎六律中的太蔟，代表数字是八，对应的味道是酸味，对应的气味是膻气。祭祀的对象是门户，祭祀先要奉上脾。东风把冰冻化开，虫子开始振动翅膀，冰下过冬的鱼儿往上游。水獭把鱼作为自己祭口的食物，大雁北归。天子住在明堂左边的房间，乘坐鸾鸟装饰的车，由黑马驾车，车上插着青旗，天子穿着青衣，佩戴着青玉，吃的是麦子和羊肉。祭祀所用的器皿简洁而通透。

这月立春。在立春前三天，太史拜见天子说："立春那天，天的盛德在东方。"于是天子就斋戒。立春那天，天子亲自率领各朝臣到东郊去迎接春天的到来。回来后，还在朝廷上赏赐各大臣。命令丞相广布德教并宣读禁令，行善施恩惠给百姓。仁政的逐渐施行没有不适当的。天子还命令太史要遵守典章奉行法则来观察日月星辰的运行，不能出差错，不要漏掉记载，一直贯彻到底而成为习惯。

这个月，天子在元日那天向上天祈求五谷丰登，还选了吉日，亲自用车拉农具，放在车上的武士和车夫之间，带领大臣们亲耕天帝的籍田。天子推三下农具，三公推五下，卿诸侯大夫推九下。返回宫后，在祖庙举杯饮酒，大臣们都应命侍酒，名为"劳酒"。

这个月，天空中的气流下沉，地面上的气流上升，天地气流合一，草木繁殖生长。君王布置农业生产，要管农田的小官到东郊去修整田界，修筑水渠，修好田间小路，仔细观察小山丘、高地、盆地，根据地形来种植五谷，来指导百姓，天子并亲自过问农事。农业生产的命令既已下达，制定了标准，农夫就不会产生迷惑了。

这个月，命令乐正率领公卿的子弟进入学校学习乐韵、歌舞。准备祭祀典礼，还下令要祭祀山林川河，祭品不要用雌畜。禁止砍伐树木，不要打翻鸟窝，不要杀死幼小的虫子和雏鸟，不要杀小鹿和孵卵的鸟。不要聚集一大帮人，不要建修城墙，要把暴露在外的尸体掩埋。

这个月，不可以大举兴兵，发动战争就一定会发生天灾人祸。不要兴起战争，不可以从我这里发起战争。不要改变上天的规律，不要废绝土地的常理，不要把作为人的纲纪弄混乱。

如果在孟春发布在夏天才发布的政令，那么风雨就不会合乎时节，草木很早就会枯槁，国家就将会有令人恐慌的大事发生。如果在孟春发布在秋天才发布的政令，就会在百姓之间发生大瘟疫，狂风暴雨就会多次来袭击，各种各样的野草一起蓬勃生长。如果在孟春发布在冬天才发布的政令，那么就会发生大的水灾，大霜雪勃然而来，先前种下的种子就不会入土，不会有收成。

# 本　生

原文

始生之者，天也；养成之者，人也。能养天之所生而勿撄①之谓天子。天子之动也，以全天为故者也。此官之所自立也。立官者，以全生也。今世之惑主，多官而反以害生，则失所为立之矣。譬之若修兵者，以备寇也。今修兵而反以自攻，则亦失所为修之矣。

夫水之性清，土者抇②之，故不得清。人之性寿，物者抇之，故不得寿。物也者，所以养性也，非所以性养也。今世之人，惑者多以性养物，则不知轻重也。不知轻重，则重者为轻，轻者为重矣。若此，则每动无不败。以此为君，悖；以此为臣，乱；以此为子，狂。三者国有一焉，无幸必亡。

今有声于此，耳听之必慊③已，听之则使人聋，必弗听。有色于此，目视之必慊已，视之则使人盲，必弗视。有味于此，口食之必慊已，食之则使人瘖④，必弗食。是故圣人之于声色滋味也，利于性则取之，害于性则舍之，此全性之道也。世之贵富者，其于声色滋味也，多惑者。日夜求，幸而得之则遁⑤焉。遁焉，性恶得不伤？

万人操弓，共射其一招⑥，招无不中；万物章章，以害一生，生无不伤；以便一生，生无不长。故圣人之制万物也，以全其天也。天全，则神和矣，目明矣，耳聪矣，鼻臭矣，口敏矣，三百六十节皆通利矣。若此人者，不言而信，不谋而当，不虑而得；精通乎天地，神覆乎宇宙；其于物无不受也，无不裹也，若天地然；上为天子而不骄，下为匹夫而不惛，此之谓全德之人。

贵富而不知道，适足以为患，不如贫贱。贫贱之致物也难，虽欲过之，奚由？出则以车，入则以辇，务以自佚，命之曰"招蹶之机"。肥肉厚酒，务以自强，命之曰"烂肠之食"。靡曼皓齿，郑卫之音，务以自乐，命之曰"伐性之斧"。三患者，贵富之所致也。故古之人有不肯贵富者矣，由重生故也；非夸以名也，为其实也。则此论之不可不察也。

**注释**

①撄：触犯。

②扣：搅动。

③慊：满足。

④瘖：哑。

⑤遁：隐，消失。

⑥招：箭靶。

**译文**

赋予万物生命的，是天；扶养而成就万物的，是人。能扶养上天所赋予的生命而不扰乱它们的规律，就是天子。天子行事，是为了遵循上天的

意愿。这就是设立官职的原因。设立官职，是用来保全（万物）生命。现今糊涂的君王，设立许多官员反而伤生，这就是违背了之所以设立官职的本意。比如修造兵器，是为了抵御敌寇。如果修造兵器而自己攻打自己，也是违背了修造兵器的本意。

水的属性是清澈的，用土搅和，就不再清澈了。人本来是长寿的，被外物干扰，就不再长寿了。外物，本是用来养性的，不是被性情所养的。现在的人，糊涂得总是以性养物，就是不懂得轻重。不懂得轻重，则应该重视的成了被轻视的，应该被忽视的成了被重视的。像这样，每次做事都必定失败。以这种方式担当国君，做事就会违背大道；以这种方式作为臣民，就会造反叛乱；以这种方式作为儿子，就会狂妄。这三种人国家只要有一种，就会遭遇不幸而灭亡。

比如好听的声音，耳朵听了一定会满足，但是如果听了会使人聋，就肯定不去听了。比如美色，眼睛看了一定会满足，但是如果看了会使人瞎，就肯定不去看了。比如美味，嘴巴吃了一定会满足，但是吃了之后会使人哑，就肯定不去吃了。所以圣人对于声、色、滋味，对性情有利的话就去利用，对性情有害的话就舍弃，这是保全性情的方法。世上富贵的人，对于声、色、滋味，大多很迷惑。日夜不停地追求，一旦有幸得到后就藏起来。藏起来，性情怎么能不受到伤害呢？

一万人持弓，共同射一个靶子，靶子肯定会被射中；万物共同去伤害一种生命，这生命肯定会受到伤害；万物共同扶助一种生命，这种生命肯定能够生长。所以圣人对待万物，是遵循自然的规律。遵循了自然规律，则精神平和，眼睛明亮，听力清晰，鼻子灵敏，嘴巴灵活，三百六十关节都通畅舒服。像这样的人，不用说话人们就信服他；不用谋划就很恰当了；不用考虑就有所收获了。"精"通于天地，"神"弥漫于宇宙，这种"精""神"万物都能吸取，都能包含，就像天地一样。这样的人做了天子也不会骄纵，做了凡人也不会糊涂，这就是所谓全德的人。

富贵而不懂得养生之道，正足以成为祸患，与其这样，还不如贫贱。贫贱的人获得东西很难，即使想要过度地沉湎于物质享受之中，又从哪儿去弄到呢？出门乘车，进门坐辇，务求安逸舒适，这种车辇应该叫做"招致脚病的器械"。吃肥肉，喝醇酒，极力勉强自己吃喝，这种酒肉应该叫做"腐烂肠子的食物"。迷恋女色，陶醉于淫靡之音，极尽享乐，这种美色、音乐应该叫做"砍伐生命的利斧"。这三种祸患都是富贵所招致的。所以古代就有不肯富贵的人了，这是重视生命的缘故；并不是用轻视富贵钓取虚名来夸耀自己，而是为保全生命。既然这样，那么以上这些道理是不可不明察的。

# 重　己

原　文

倕，至巧也，人不爱倕之指，而爱己之指，有之利故也；人不爱昆山之玉、江汉之珠，而爱己一苍璧小玑，有之利故也。今吾生之为我有，而利我亦大矣。论其贵贱，爵为天子，不足以比焉；论其轻重，富有天下，不可以易之；论其安危，一曙失之，终身不复得。此三者，有道者之所慎也。有慎之而反害之者，不达乎性命之情也。不达乎性命之情，慎之何益？是师者之爱子也，不免乎枕之以糠；是聋者之养婴儿也，方雷而窥之于堂；有殊弗知慎者。夫弗知慎者，是死生存亡可不可，未始有别也。未始有别者，其所谓是未尝是，其所谓非未尝非，是其所谓非，非其所谓是，此之谓大惑。若此人者，天之所祸也。以此治身，必死必殃；以此治国，必残必亡。夫死殃残亡，非自至也，惑召之也。寿长至常亦然。故有道者，不察所召，而察其召之者，则其至不可禁矣。此论不可不熟。

使乌获疾引牛尾，尾绝力勯，而牛不可行，逆也。使五尺竖子引其棬①，而牛恣所以之，顺也。世之人主、贵人，无贤不肖，莫不欲长生久视，而日逆其生，欲之何益？凡生之长也，顺之也；使生不顺者，欲也，故圣人必先适欲。

室大则多阴，台高则多阳，多阴则蹶，多阳则痿，此阴阳不适之患也。是故先王不处大室，不为高台，味不众珍，衣不燀热。燀热则理塞，理塞则气不达；味众珍则胃克，胃充则中大鞔；中大鞔而气不达，以此长生可得乎？昔先圣王之为苑囿园池也，足以观望劳形而已矣；其为宫室台榭也，足以辟燥湿而已矣；其为舆马衣裘也，足以逸身暖骸而已矣；其为饮食酏醴②也，足以适味充虚而已矣；其为声色音乐也，足以安性自娱而已矣。五者，圣王之所以养性也，非好俭而恶费也，节乎性也。

**注释**

①棬：古同"桊"，牛鼻环。

②酏醴：指酒。

**译文**

倕是最手巧的人了，可是人们不爱护倕的手指，而是爱护自己的手指，这是因为自己的手指对自己有所帮助的缘故；人们不爱护昆山的宝玉、江汉的明珠，却爱护自己的一块成色不高的宝石、一颗形状不圆的小珠子，这是因为自己的东西才对自己有用的缘故。现在，我的生命归我所有，给我带来的好处也很多。从贵贱方面来说，即使地位高到做天子，也不能够和它相比；从轻重方面来说，即使富裕到拥有天下，也不能和它交换；从安危方面来说，一旦有一天失去了它，就一生再也不能得到。这三个方面，是有道行的人小心的地方。有虽然小心但反而损害了它的人，这是没有领悟人性与生命的情理。不领悟人性、生命的情理，小心它又有什么用？这就像盲人虽然疼爱儿子，但却免不了让他枕在谷糠上；这就像聋子养育婴儿，正在打雷的时候却让他在堂屋里向外观望。这比起不知道小心的人又有过之而无不及。不知道小心的人，对生死存亡、可以不可以，从来没有辨别清楚。没辨别清楚的人，他们所谓的正确不一定是正确的，他们所谓的错误也未必是错误的，这就叫非常糊涂。像这样的人是上天降祸的对象。用这种态度修身，必定死亡，必定遭祸；用这种态度治理国家，必定衰败，必定灭亡。这种死亡、衰败和灭亡不是自动找上门来的，而是糊涂招来的。长寿也常常是这样。所以有道行的人，不察看导致的结果，而察看引起它的原因，那么达到结果就是不可遏制的了。这个道理不能不彻底理解。

假如乌获用力拽拉牛尾，即使尾断力尽，牛也不会前行，因为这违背了牛的习性。让一个孩子牵着牛鼻环，牛就会随他而走，因为这顺应了牛的习性。世上的君主权贵，无论贤与不贤，都想生命长久，但是整天地违背天性，那这样的欲望有什么用呢？而生命的长久都是顺应自然之道的，使生命不能够顺应自然之道的是人的欲望，所以圣人必定先要节制自己的欲望。

房屋大了，阴气就会多；楼台高了，阳气就会多。阴气多了就会促生寒疾，阳气多了就会得痿病，这就是阴阳不能调适所带来的后果。因此先王不在过大的房屋里居住，不建设过高的楼台，膳食不要太丰盛，穿衣不要过于厚暖。过厚过暖都会使脉理闭塞，脉理闭塞就会使阴阳之气不畅通；膳食过于丰盛，胃就会过于饱撑，过于饱的话胸腹就会憋闷，胸腹憋闷就会使阴阳之气不通畅，这样怎么能实现长生长寿的愿望呢？古代的圣王修建花园泉池，只要能游园眺望、活动身体就可以；建造宫殿楼台，只要能够躲避太阳、遮挡风雨就可以；制作车辇衣衫，也只要能够使身体安适暖和就可以；吃饭饮酒，只要能够适合口味填饱肚子就可以；而使用音乐歌舞，也只是调节性情舒心快意。以上五种情况，圣王的目的都是养护生命，调适性情，并不是喜好节俭，厌恶奢侈。

# 贵　公

**原　文**

昔先圣王之治天下也，必先公，公则天下平矣。平得于公。

尝试观于上志，有得天下者众矣，其得之以公，其失之必以偏。凡主之立也，生于公。故《鸿范》曰："无偏无党，王道荡荡；无偏无颇，遵王之义；无或作好，遵王之道；无或作恶，遵王之路。"

天下非一人之天下也，天下之天下也。阴阳之和，不长一类；甘露时雨，不私一物；万民之主，不阿一人。

伯禽将行，请所以治鲁，周公曰："利而勿利也。"荆人有遗弓者，而不肯索，曰："荆人遗之，荆人得之，又何索焉？"孔子闻之曰："去其'荆'而可矣。"老聃闻之曰："去其'人'而可矣。"故老聃则至公矣。天地大矣，生而弗子，成而弗有，万物皆被其泽、得其利，而莫知其所由始，此三皇五帝之德也。

管仲有病，桓公往问之，曰："仲父之病矣，渍甚，国人弗讳，寡人将谁属国？"管仲对曰："昔者臣尽力竭智，犹未足以知之也；今病在于朝夕之中，臣奚能言？"桓公曰："此大事也，愿仲父之教寡人也。"管仲敬诺，曰："公谁欲相？"公曰："鲍叔牙可乎？"管仲对曰："不可。夷吾善鲍叔牙，鲍叔牙之为人也，清廉洁直，视不己若者，不比于人；一闻人之过，终身不忘。""勿已，则隰朋其可乎？""隰朋之为人也，上志而下求，丑不若黄帝，而哀不己若者。其于国也，有不闻也；其于物也，有不知也；其于人也，有不见也。勿已乎，则隰朋可也。"

夫相，大官也。处大官者，不欲小察，不欲小智，故曰："大匠不斫，大庖①不豆，大勇不斗，大兵不寇。"桓公行公去私恶，用管子而为五伯长；行私阿所爱，用竖刀而虫②出于户。

人之少也愚，其长也智。故智而用私，不若愚而用公。日醉而饰服，私利而立公，贪戾③而求王，舜弗能为。

### 注释

①庖：厨师。

②虫：尸虫，尸体腐烂所生的虫子。

③戾：凶暴。此指贪得无厌。

### 译文

从前，圣王治理天下，必定把公心摆在第一位，只要出于公心，天下就太平了。太平是由公心得来的。

试考察一下古代的记载，曾经取得天下的人是相当多的了。如果说他们取得天下是由于公正无私，那么他们丧失天下必定是由于偏颇有私。大凡立君的本意，都是出于公正无私。所以《鸿范》中说："不要偏私，不要结党，王道多么平坦宽广。不要偏私，不要倾侧，遵循先王的法则。不要滥逞个人偏好，遵循先王的正道。不要滥逞个人的怨怒，遵循先王的正路。"

天下不是某一个的天下，而是天下人的天下。阴阳相和，不只生长一种物类；甘露时雨，不偏私一物；万民之主，不偏袒一人。

（周公的儿子）伯禽（封为鲁国国君），将要赴任时，（向父亲）请教用来治理鲁国的方略，周公说："（为政要考虑）利民而不要（只考虑）利己。"

楚人遗失了弓箭却不肯去寻找，他说："楚国人遗失了弓箭，（必是）楚国人得到它，又何必去找它呢？"孔子听到这话，说："去掉'荆楚'这一国别就好了。"老聃听到孔子的话，说："去掉'人'这一限制就好了。"所以说老聃才是最具有公心的人。天地够伟大了，生育了万物，而不把它们作为自己的子女；使万物生长，而不把它们据为己有。万物都蒙受天地的恩泽，享受天地的利益，却不知道这些是从哪里来的。这就是三皇五帝的德政。

管仲得了重病，齐桓公去问候他，说："仲父您的病更加沉重了，国内百姓都已经无法避讳这件事，我将把国家托付给谁呢？"管仲回答说："以前我尽心竭力，还不能知道可以托付国家的人选；如今重病，命在旦夕，我怎么能说得出呢？"齐桓公说："这是国家大事，希望仲父您指点我啊。"管仲恭敬地回答说："您打算让谁担任宰相呢？"齐桓公说："鲍叔牙可以吗？"管仲回答说："不行。我和鲍叔牙交情很好，鲍叔牙的为人清正廉洁，刚直不阿。看到不像自己（那样正直）的人，便不去接近人家；一旦听到别人的过错，一辈子也不能忘记。"齐桓公说："不得已的话，那么隰朋可以吗？"管仲回答说："隰朋的为人，对胜过自己的贤人追羡不已，对赶不上自己的人则劝勉不息，（常常）以自己赶不上黄帝为羞愧，对赶不上自己的人表示同情；他对于国政，细枝末节不去过问；他对于事物，分外的不去了解；对于人，不刻意去找小毛病。一定要我推荐宰相人选的话，那么隰朋是合适的。"

一国的宰相，可是个大官。当大官的人，不要只看小事，不要耍小聪明。所以说大工匠只注意总体设计，而不亲自挥斧弄凿；大厨师只着意调和五味，而不亲自拨弄锅碗瓢盏；大勇士只指挥战斗，而不亲自临阵斗殴；正义的军队只征讨叛逆，而不骚扰百姓。齐桓公厉行公正，摒弃个人爱憎，重用（同自己有仇的）管仲，终成五霸之首。但后来因为有所偏私，庇护所爱，重用竖刀以至于身死国乱，尸虫流出户外。

人在年轻时幼稚无知，长大后聪明。但是如果聪明却重用私人，那还不如蒙昧而主持公道。整日沉湎饮酒却要整饬其装束，务求私利而想做到公正，贪求残暴而想成就王业，那就是舜也做不到的。

# 去 私

**原文**

天无私覆也，地无私载也，日月无私烛<sup>①</sup>也，四时无私行也，行其德而万物得遂长<sup>②</sup>焉。

黄帝言曰："声<sup>③</sup>禁重，色禁重，衣禁重，香禁重，味禁重，室禁重。"

尧有子十人，不与其子而授舜；舜有子九人，不与其子而授禹，至公也。

晋平公问于祁黄羊曰："南阳无令，其谁可而为之？"祁黄羊对曰："解狐可。"平公曰："解狐非子之仇邪？"对曰："君问可，非问臣之仇也。"平公曰："善。"遂用之，国人称善焉。居有间，平公又问祁黄羊曰："国无尉，其谁可而为之？"对曰："午可。"平公曰："午非之子邪？"对

曰："君问可，非问臣之子也。"平公曰："善。"又遂用之。国人称善焉。孔子闻之曰："善哉！祁黄羊之论也，外举不避仇，内举不避子。祁黄羊可谓公矣。"

墨者有钜子④腹䵍，居秦，其子杀人，秦惠王曰："先生之年长矣，非有它子也，寡人已令吏弗诛矣，先生之以此听寡人也。"腹䵍对曰："墨者之法曰：'杀人者死，伤人者刑。'此所以禁杀伤人也。夫禁杀伤人者，天下之大义也。王虽为之赐而令吏弗诛，腹䵍不可不行墨者之法。"不许惠王，而遂杀之。子，人之所私也，忍所私以行大义，钜子可谓公矣。

庖人调和而弗敢食，故可以为庖。若使庖人调和而食之，则不可以为庖矣。王伯之君亦然，诛暴而不私，以封天下之贤者，故可以为王伯；若使王伯之君诛暴而私之，则亦不可以为王伯矣。

**注释**

①烛：照明。

②遂长：成长。

③声：音乐。

④钜子：墨家对学有成就的人称"钜子"。

**译文**

天覆遍万物，没有偏私；地遍载万物，没有偏私；日月普照万物，没有偏私；四季循环更替，没有偏私。它们都是无私地布施恩德，养护万物生长。

黄帝说："音乐禁止过分，色彩禁止过分，衣服禁止过分，香料禁止过分，口味禁止过分，宫室禁止过分。"

尧有十个儿子，但是临死前没有传位给自己的儿子而是传给舜；舜有九个儿子，但是临死前也没有传位给自己的儿子而是传给禹，他们都是大公无私的人。

晋平公向祁黄羊问道:"南阳没有地方官,那有谁可以担任呢?"祁黄羊回答说:"解狐可以担任。"晋平公说:"解狐不是你的仇人吗?"祁黄羊回答说:"君王问的是可以做地方官的,不是问我的仇人啊。"晋平公说:"好啊。"于是就让解狐做了地方官,国内的人民对解狐都很称赞。过了不久,晋平公又问祁黄羊说:"国家没有管军事的官,那有谁能担任呢?"祁黄羊回答说:"祁午可以担任。"晋平公说:"祁午不是你的儿子吗?"祁黄羊回答说:"君王问的是谁可以担任管军事的官,不是问我的儿子呀。"晋平公说:"好啊。"于是又让祁午做了管军事的官,国内的人民对祁午也都很称赞。孔子听到了这件事说:"祁黄羊说的话,太好了!推荐外人不回避仇人,推荐家里人不回避自己的儿子,祁黄羊可以称得上公了。"

墨家有个很有成就的人叫腹䵍,客居在秦国,他的儿子杀了人。秦惠王说:"先生的年岁大了,也没有别的儿子,我已经命令官吏不杀他了,先生在这件事情上要听我的。"腹䵍回答说:"墨家的法规规定:'杀人的人要处死,伤害人的人要受刑。'这是用来禁绝杀人伤人,是天下的大义。君王虽然为这事加以照顾,让官吏不杀他,我不能不行施墨家的法规。"腹䵍没有答应秦惠王,就杀掉了自己的儿子。儿子,是人们所偏爱的了,忍心割去自己所偏爱的而推行大义,腹䵍可称得上大公无私了。

厨师调味而不敢自食,因而成为厨师;如果厨师在调和味道时吃了它,就不能做厨师了。成就霸王大业的人也是如此,诛除暴虐而无所偏私,重用天下的贤能之人才能够称王成霸;如果想成就霸王大业的君主诛除残暴却心存偏私,那么他就不能称王成霸了。

# 仲春纪

## 仲 春

原 文

仲春之月，日在奎[①]，昏弧[②]中，旦建星[③]中。其日甲乙，其帝太皞，其神句芒，其虫鳞，其音角，律中夹钟[④]，其数八，其味酸，其臭膻，其祀户，祭先脾。始雨水，桃李华[⑤]，苍庚鸣，鹰化为鸠[⑥]。天子居青阳太庙，乘鸾辂，驾苍龙，载青旗，衣青衣，服青玉，食麦与羊，其器疏以达。是月也，安[⑦]萌牙，养幼少，存诸孤；择元日，命人社；命有司，省囹圄[⑧]，去桎梏，无肆掠，止狱讼。是月也，玄鸟至，至之日，以太牢祀于高禖[⑨]。天子亲往，后妃率九嫔御，乃礼天子所御，带以弓韣[⑩]，授以弓矢，于高禖之前。

注 释

①日在奎：指太阳的位置运行到奎宿位置。奎：星宿名，二十八宿之一，在今仙女座。

②弧：星宿名，又名弧矢，在鬼宿之南，今属大犬及船尾座。

③建星：星宿名，二十八宿之一，今属小马座。

④中：应。夹钟：十二律之一。

⑤华：花，这里用作动词，开花。

⑥苍庚：黄鹂。鸠：布谷鸟。

⑦安：使动用法，使……安。

⑧囹圄：牢狱。

⑨高禖：即郊禖。禖：主管嫁娶的媒神，因其祠在郊外，故称郊禖。

⑩弓韣：弓套。

**译文**

春天第二个月，太阳运行在奎的位置，傍晚时分运行到弧的位置，第二天早晨建星在中天位置。这个月以甲乙日为主日，主这个月的天帝是太皞，天神是句芒。动物则以鳞类为主，音以五音中的角音为主，候气律管则应着六律中的夹钟，以八为成数，味道以酸为主，气味则以膻为主。以户神为祭祀对象，祭品以脾为上。开始降雨，桃李开花，黄鹂鸣叫，在天上飞的鹰换成了布谷鸟。天子在青阳左边的房间处理政务，乘坐鸾鸟装饰的车，要骑青色的马，车上要插青色蟠龙旗，穿青色的衣服，佩戴青色的玉饰，主食是麦与羊肉。祭祀所用的器皿要简洁而通透。这个月，安种好发芽的植物，养护好幼小的孩儿，安置好各处婴孩；择选元日，命人建社；命令有司，探望囚牢之徒，脱去他们的枷锁，使世间没有任意掠夺的行为，停止案件的诉讼。这个月，燕子飞到，在它飞到的日子，用牛、羊、猪三种祭祀高禖之神。天子亲自前往，皇后率领九宫妃嫔驾车跟着，让这些被天子所御幸而有孕的女子在神前行礼，给她们带上弓套，授予她们弓箭。

**原文**

是月也，日夜分，雷乃发声，始电。蛰虫咸动，开户始出，先雷三日，奋铎①以令于兆民曰："雷且发声，有不戒其容止②者，生子不备③，必有凶灾。"日夜分，则同度量，钧衡、石④、角斗、桶⑤，正权、概。是月也，耕者少舍⑥，乃修阖扇。寝庙⑦必备。无作大事，以妨农功。是月也，无竭川泽，无漉陂池⑧，无焚山林。天子乃献羔开冰，先荐寝庙。上丁，命乐正人舞舍采，天子乃率三公、九卿、诸侯，亲往视之。中丁，又命乐正人学习乐。是月也，祀不用牺牲，用圭璧，更皮币。仲春行秋令，则其国大水⑨，寒气总⑩至，寇戎来征；行冬令，则阳气不胜，麦乃不熟，民多相掠；行夏令，则国乃大旱，暖气早来，虫螟为害。

### 注释

①奋铎：振动木铎。木铎，以木为舌的大铃。古代宣布政教法令，要巡行振鸣木铎以引众人警觉。

②容止：这里指男女房中事。

③备：完备。这里指生的小孩不完备，有先天残疾。

④钧：均等。衡：秤杆。石：重量单位，古代一百二十斤为一石。

⑤角：校正。斗、桶：都是量器。

⑥少舍：稍稍休息。

⑦寝庙：古代宗庙中前边祭祖的部分叫庙，后边住人的部分叫寝。

⑧漉：竭。陂：积蓄水的池塘。

⑨大水：秋天七月，下弦月行入毕宿，日在轸，这时为多雨时节。

⑩总：忽然。

### 译文

这个月，日夜平分，开始打雷，闪电。蛰伏的动物都醒动，离开巢穴出来。刚开始打雷的那三天，要敲铎来向百姓下令："打雷的时候，凡有不警戒房中之事者，生下的孩子就先天残疾，而且一定有凶灾的事发生。"日夜平分，就要统一度、量、衡等各种工具。这个月，耕作的人稍稍休息，整修门窗。祭祀的寝庙一定要齐备。不要做大事，以免妨碍了农忙之事。这个月，不要使河川池塘干涸，不要焚烧山林。天子要献上羔羊祭祀，打开冰窖，先把这些东西献上给祖先。上旬丁日，要命令乐正编舞并放好彩帛，天子就领着三公、九卿、诸侯，亲自前往观看。中旬丁日，又要命令乐正教授音乐。这个月，祭祀不要用牲畜，要用圭璧这些玉器，或者用皮毛、锦帛来替代。仲春如果要发布应在秋天才发布的政令，那么国家就会遭遇洪水，寒气到来，敌寇侵袭；如果发布应在冬天才发布的政令，那么就会使阳气经受不住，麦子不能成熟，百姓之间会出现劫掠之事；如果发布应在夏天发布的政令，那么国家就会出现干旱，热气过早来临，庄稼遭受虫患。

# 贵 生

**原文**

圣人深虑天下，莫贵于生。夫耳目鼻口，生之役也。耳虽欲声，目虽欲色，鼻虽欲芬香，口虽欲滋味，害于生则止。在四官者不欲，利于生者则弗为。由此观之，耳目鼻口，不得擅行，必有所制。譬之若官职，不得擅为，必有所制。此贵生之术也。

尧以天下让于子州支父，子州支父对曰："以我为天子犹可也。虽然，我适有幽忧之病，方将治之，未暇在天下也。"天下，重物也，而不以害其生，又况于他物乎？惟不以天下害其生者也，可以托天下。

越人三世杀其君，王子搜患之，逃乎丹穴。越国无君，求王子搜而不得，从之丹穴。王子搜不肯出。越人薰之以艾，乘之以王舆。王子搜援绥登车，仰天而呼曰："君乎！独不可以舍我乎？"王子搜非恶为君也，恶为君之患也。若王子搜者，可谓不以国伤其生矣。此固越人之所欲得而为君也。

鲁君闻颜阖得道之人也，使人以币先焉。颜阖守闾，鹿布之衣，而自饭牛。鲁君之使者至，颜阖自对之。使者曰："此颜阖之家耶？"颜阖对曰："此阖之家也。"使者致币，颜阖对曰："恐听缪而遗使者罪，不若审之。"使者还反审之，复来求之，则不得已。故若颜阖者，非恶富贵也，由重生恶之也。世之人主多以富贵骄得道之人，其不相知，岂不悲哉！

故曰：道之真，以持身；其绪余，以为国家；其土苴①，以治天下。由此观之，帝王之功，圣人之余事也，非所以完身养生之道也。今世俗之君子，危身弃生以徇物，彼且奚以此之也？彼且奚以此为也？

凡圣人之动作也，必察其所以之与其所以为。今有人于此，以随侯之珠弹千仞之雀，世必笑之。是何也？所用重，所要轻。夫生，岂特随侯珠之重也哉？

子华子曰："全生为上，亏生次之，死次之，迫生为下。"故所谓尊生者，全生之谓。所谓全生者，六欲皆得其宜也。所谓亏生者，六欲分得其宜也。亏生则于其尊之者薄矣。其亏弥甚者也，其尊弥薄。所谓死者，无有所以知，复其未生也。所谓迫生者，六欲莫得其宜也，皆获其所甚恶者。服是也，辱是也辱莫大于不义，故不义，迫生也。而迫生非独不义也，故曰迫生不若死。奚以知其然也？耳闻所恶，不若无闻；目见所恶，不若无见。故雷则掩耳，电则掩目，此其比也。凡六欲者，皆知其所甚恶，而必不得免，不若无有所以知。无有所以知者，死之谓也，故迫生不若死。嗜肉者，非腐鼠之谓也；嗜酒者，非败②酒之谓也；尊生者，非迫生之谓也。

**注　释**

①土苴：渣滓，糟粕。此处比喻微贱的东西，犹如土芥。苴，通"渣"。

②败：变质，坏。

**译　文**

圣人深思熟虑天下的事，认为没有什么比生命更宝贵。耳目鼻口是受生命支配的。耳朵虽然想听乐音，眼睛虽然想看彩色，鼻子虽然想嗅芳香，嘴巴虽然想尝美味，但只要对生命有害就会被禁止。对于这四种器官来说，即使是本身不想做的，但只要有利于生命就去做。由此看来，耳目鼻口不能任意独行，必须有所制约。这就像各种职官，不得独断专行，必须要有所制约一样。这就是珍惜生命的方法。

尧把天下让给子州支父，子州支父回答说："让我做天子还是可以的，虽是这样，我现在正害着忧劳深重的病，正要治疗，没有余暇顾及天下。"天下是最珍贵的，可是圣人不因它而危害自己的生命，又何况其他的东西呢？只有不因天下而危害自己生命的人，才可以把天下托付给他。

越国人连续三代杀了他们的国君，王子搜对此很忧惧，于是逃到一个山洞里。越国没有国君，找不到王子搜，一直追寻到山洞。王子搜不肯出来，越国人就用燃着的艾草熏他出来，让他乘坐国君的车。王子搜拉着登车的绳子上车，仰望上天呼喊道："国君啊，国君啊！这个职位怎么偏偏让我来干啊！"王子搜并不是厌恶做国君，而是厌恶做国君招致的祸患。像王子搜这样的人，可说是不肯因国家伤害自己生命的了。这也正是越国人想要找他做国君的原因。

鲁国国君听说颜阖是个有道之人，想要请他出来做官，就派人带着礼物先去致意。颜阖住在陋巷，穿着粗布衣裳，自己在喂牛。鲁君的使者来了，颜阖亲自接待他。使者问："这是颜阖的家吗？"颜阖回答说："这是我的家。"使者进上礼物，颜阖说："怕您把名字听错了而会给您带来处罚，不如搞清楚再说。"使者回去查问清楚了，再来找颜阖，却找不到了。像颜阖这样的人，并不是本来就厌恶富贵，而是由于看重生命才厌恶它。世上的君主，大多凭借富贵傲视有道之人，他们如此地不了解有道之人，难道不太可悲了吗？

所以说：道的实体用来保护身体，它的剩余用来治理国家，它的渣滓用来治理天下。由此看来，帝王的功业是圣人闲暇之余的事，并不是用以全身养生的方法。如今世俗所谓的君子损害身体舍弃生命来追求外物，他们这样做将达到什么目的呢？他们又将采用什么手段达到目的呢？

大凡圣人有所举动的时候，必定明确知道所要达到的目的和达到目的所应采用的手段。假如有这样一个人，用随侯之珠去弹射千仞高的飞鸟，世上的人肯定会嘲笑他。这是为什么呢？这是因为他所耗费的太贵重，所追求的太轻微了啊。至于生命，其价值岂止像随侯珠那样贵重呢？

子华子说："全生是最上等，亏生次一等，死又次一等，迫生是最低下的。"所以，所谓尊生，说的就是全生；所谓全生，是指六欲都能得适宜。所谓亏生，是指六欲只有部分得到适宜。生命受到亏损，生命的天性就会削弱；生命亏损得越厉害，生命的天性削弱得也就越厉害。所谓死，是指没有办法知道六欲，等于又回到它来生时的状态。所谓迫生，是指六欲没有一样得到适宜，六欲所得到的都是它们十分厌恶的东西。屈服属于这一类，耻辱也属于这一类。在耻辱当中没有比不义更大的了。所以，行不义之事就是迫生。但是构成迫生的不仅仅是不义，所以说，迫生不如死。根据什么知道是这样呢？比如，耳朵听到讨厌的声音，就不如什么也没听到；眼睛看到讨厌的东西，就不如什么也没见到。所以打雷的时候人们就会捂住耳朵，打闪的时候人们就会遮住眼睛，迫生不如死就像这类现象一样。六欲都知道自己十分厌恶的东西是什么，如果这些东西一定不可避免，那还不如连生命都不知道。没有办法知道六欲就是死，因此迫生不如死。嗜好吃肉，不是说连腐臭的老鼠也吃；嗜好喝酒，不是说连变质的酒也喝；珍惜生命，不是说连迫生也算。

# 情　欲

原　文

　　天生人而使有贪有欲。欲有情，情有节。圣人修节以止欲，故不过行其情也。故耳之欲五声，目之欲五色，口之欲五味，情也。此三者，贵贱、愚智、贤不肖欲之若一，虽神农、黄帝，其与桀、纣同。圣人之所以异者，得其情也。由贵生动，则得其情矣；不由贵生动，则失其情矣。此二者，死生存亡之本也。

　　俗主亏情，故每动为亡败。耳不可赡①，目不可厌②，口不可满：身尽府种，筋骨沉滞，血脉壅塞，九窍寥寥，曲失其宜，虽有彭祖，犹不能为也。其于物也，不可得之为欲，不可足之为求，大失生本。民人怨谤，又树大仇；意气易动，跷然不固；矜势好智，胸中欺诈；德义之缓，邪利之急。身以困穷，虽后悔之，尚将奚及？巧佞之近，端直之远，国家大危，悔前之过，犹不可反。闻言而惊，不得所由。百病怒起，乱难时至。以此君人，为身大忧。耳不乐声，目不乐色，口不甘味，与死

23

无择。

古人得道者，生以寿长，声色滋味，能久乐之，奚故？论早定也。论早定则知早啬①，知早啬则精不竭。秋早寒则冬必暖矣，春多雨则夏必旱矣，天地不能两，而况于人类乎？人之与天地也同。万物之形虽异，其情一体也。故古之治身与天下者，必法天地也。尊酌者众则速尽。万物之酌大贵之生者众矣，故大贵之生常速尽。非徒万物酌之也，又损其生以资天下之人，而终不自知。功虽成乎外，而生亏乎内。耳不可以听，目不可以视，口不可以食，胸巾大扰，妄言想见，临死之卜，颠倒惊惧，不知所为。用心如此，岂不悲哉？

世人之事君者，皆以孙叔敖之遇荆庄王为幸。自有道者沦之则不然，此荆国之幸。荆庄王好周游田猎，驰骋弋③射，欢乐无遗，尽傅其境内之劳与诸侯之忧于孙叔敖。孙叔敖日夜不息，不得以便生为故，故使庄王功迹着乎竹帛，传乎后世。

**注 释**

①赡：充裕，足够。

②厌：满足。

③弋：用绳系在箭上射。

**译 文**

人生而多欲。欲望则产生感情，感情则需要节制。圣人修身养性，节制性情，来限制欲望，所以不会放纵自己的感情。耳朵想听到各种声音，眼睛想看到各种颜色，嘴巴想尝到各种味道，这是与生俱来的欲望。这三种情况，无论贵贱、智愚、贤不肖，人的欲望都是一样的，即使是神农、黄帝，在这方面也与桀、纣相同。圣人之所以跟常人有区别，就在于他们能节制情欲。出于珍爱生命而行事，就会使情欲适宜；不是出于珍爱生命而随意行事，就会使情欲失当。这两种情况，是关系生死存亡的根本。

世俗的君主缺少适度的感情，因此一做事就导致失败。他们的耳朵不可满足，眼睛不可满足，嘴巴不可满足，结果是全身浮肿，筋骨僵硬迟滞，血脉阻塞不通，九窍空虚，丧失了正常的机能。到了这种地步，即使是彭祖也无能为力了。他们对于外物，不能得到的想要得到，不能满足的渴求满足，严重丧失了生命的本来意义。百姓会怨恨和责骂他们，又等于树立了大仇敌。他们的意志精神容易动摇，变化快，不坚定；他们炫耀自己的权势，好耍弄智谋，内心藏着欺诈；他们对于德义漫不经心，对于邪利急切追求，结果自身弄得走投无路，虽然那时后悔这样做，那又能怎么样呢？他们亲近奸诈的人，疏远正直的人，到了国家非常危急的时候，再后悔以前的过错，就为时已晚了。于是听到自己即将灭亡的言论就惊恐起来，却还不知道为何会有这种后果。于是各种疾病突然爆发，叛乱不断发生。用这种做法统治人民，造成自身的巨大忧患，以至耳朵听到美声不觉得愉快，眼睛看到美色不觉得高兴，嘴巴尝到美味不觉得香甜，这和死了没有什么两样。

古时候的得道者，生命都能够长寿，能够长久地享受音乐、色彩、味道，这是为什么呢？因为他们早已有了贵生的信念。早树立贵生的信念，就早懂得珍惜生命；早知道珍惜生命，就不会精力衰竭。秋天冷得早的话，冬天就会暖和；春天雨水多的话，夏天就会干旱。天地尚且不能两全，何况人？人与天地是同样的。万物形态各异，但本性是一样的。所以自古修身养性的人和治理天下的人，都会遵从天地万物的道理。举樽酌酒的人多，酒就喝得快。万物消耗了很多天子的生命，天子的生命就会很快耗尽。不光万物消耗它，天子在操劳国事的时候也会消耗，但自己却没有觉察。虽然功成名就，但自己的生命也已耗尽，结果耳不能听，眼不能视，口不能食，精神恍惚，口说胡话，临终前神经错乱，极度恐慌，不知道自己做什么。把心力耗尽到如此地步，难道不是件可悲的事吗？

世界上做臣子的都认为孙叔敖遇到楚庄王是幸运的，但是在得道者看来并非如此，认为这只是楚国的幸运。楚庄王喜欢狩猎游玩、骑马射箭、纵情享乐，而将治国的辛劳和为君的忧虑全推给孙叔敖。孙叔敖昼夜劳累，不能爱惜生命，这才使得楚庄王功勋卓著，流芳百世。

# 当 染

**原文**

墨子见染素丝者而叹曰："染于苍则苍，染于黄则黄，所以入者变，其色亦变，五入而以为五色矣。"故染不可不慎也。

非独染丝然也，国亦有染①。舜染于许由、伯阳，禹染于皋陶、伯益，汤染于伊尹、仲虺，武王染于太公望、周公旦。此四王者，所染当，故王天下，立为天子，功名蔽②天地。举天下之仁义显人，必称此四王者。夏桀染于干辛、歧踵戎，殷纣染于崇侯、恶来，周厉王染于虢公长父、荣夷终，幽王染于虢公鼓、祭公敦。此四王者，所染不当，故国残身死，为天下僇③。举天下之不义辱人，必称此四王者。齐桓公染于管仲、鲍叔，晋文公染于咎犯、郄偃，荆庄王染于孙叔敖、沈尹蒸，吴王阖庐染于伍员、文之仪，越王勾践染于范蠡、大夫种。此五君者，所染当，故霸诸侯，功名传于后世。范吉射染于张柳朔、王生，中行寅染于黄藉秦、高强，吴王夫差染于王孙雄、太宰嚭，智伯瑶染于智国、张武，中山尚染于魏义、偃长，宋康王染于唐鞅、田不禋。此六君者，所染不当，故国皆残亡，身或死辱，宗庙不血食，绝其后类，君臣离散，民人流亡。举天下之贪暴可羞人，必称此六君者。凡为君，非为君而因荣也，非为君而因安也，以为行理也。行理生于当染。故古之善为君者，劳于论人而佚于官事，得其经也。不能为君者，伤形费神，愁心劳耳目，国

26

愈危，身愈辱，不知要故也。不知要故，则所染不当；所染不当，理奚由至？六君者是已。六君者，非不重其国，爱其身也，所染不当也。存亡故不独是也，帝王亦然。

非独国有染也，士亦有染。孔子学于老聃、孟苏、夔靖叔。鲁惠公使宰让请郊庙之礼于天子，桓王使史角往，惠公止之，其后在于鲁，墨子学焉。此二士者，无爵位以显人，无赏禄以利人。举天下之显荣者，必称此二士也。皆死久矣，从属弥众，弟子弥丰，充满天下。王公大人从而显之；有爱子弟者随而学焉，无时乏绝。子贡、子夏、曾子学于孔子，田子方学于子贡，段干木学于子夏，吴起学于曾子。禽滑黐学于墨子，许犯学于禽滑黐，田系学于许犯。孔墨之后学显荣于天下者众矣，不可胜数，皆所染者得当也。

①染：此处比喻熏陶、熏染。

②蔽：遮蔽。

③僇：侮辱。

**译 文**

墨子曾看到染素丝的而叹息说："放入青色染料，素丝就变成青色；放入黄色染料，素丝就变成黄色。染料变了，素丝的颜色也随着变化，染五次就会变出五种颜色了。"所以，染色不可不慎重啊。

不仅染丝这样，国家也有类似于染丝的情形。舜受到许由、伯阳的熏陶，禹受到皋陶、伯益的熏陶，商汤受到伊尹、仲虺的熏陶，武王受到太公望、周公旦的熏陶。这四位帝王，因为所受的熏陶适宜得当，所以能够统治天下，立为天子，功名盖天地。凡列举天下仁义、显达之人，一定都推举这四位帝王。夏桀受到干辛、歧踵戎的熏染，殷纣受到崇侯、恶来的熏染，周厉王受到虢公长父、荣夷终的熏染，周幽王受到虢公鼓、祭公敦的熏染。这

四位君王，因为所受的熏染不得当，结果国破身死，被天下人耻笑。凡列举天下不义、蒙受耻辱之人，一定都举这四位君王。齐桓公受到管仲、鲍叔牙的熏陶，晋文公受到咎犯、郤偃的熏陶，楚庄王受到孙叔敖、沈尹蒸的熏陶，吴王阖庐受到伍员、文之仪的熏陶，越王勾践受到范蠡、文种的熏陶。这五位君主，因为所受的熏陶合宜得当，所以称雄诸侯，功业盛名流传到后代。范吉射受到张柳朔、王生的熏染，中行寅受到黄藉秦、高强的熏染，吴王夫差受到王孙雄、太宰嚭的熏染，智伯瑶受到智国、张武的熏染，中山尚受到魏义、椻长的熏染，宋康王受到唐鞅、田不禋的熏染。这六位君主，因为所受的熏染不得当，结果国家都破灭了，他们自身有的被杀，有的受辱，宗庙毁灭不能再享受祭祀，子孙断绝，君臣离散，人民流亡。凡列举天下贪婪残暴、蒙受耻辱之人，一定都举这六位君主。大凡国君，不是为了从中获得显荣，也不是为了从中获得安适，而是为了实施大道。大道的实施产生于熏染合宜得当。所以古代善于为君的把精力花费在选贤任能上，而对于官署政事则采取安然置之的态度，这是掌握了为君的正确方法。不善于为君的，伤身劳神，心中愁苦，耳目劳累，而国家却越来越危险，自身却蒙受越来越多的耻辱，这是由于不知道为君的关键所在的缘故。不知道为君的关键，所受的感染就不会得当。所受的感染不得当，大道从何而至？以上六个君主就是这样。以上六位君主不是不看重自己的国家，也不是不爱惜自己，而是由于他们所受的熏染不得当啊。所受的熏染适当与否关系到存亡，不但诸侯如此，帝王也是这样。

不仅国家有受染的情形，士也是这样。孔子向老聃、孟苏夔、靖叔学习。鲁惠公派宰让向天子请示郊祭、庙祭的礼仪，平王派名叫角的史官前往，惠公把他留了下来，他的后代在鲁国，墨子向他的后代学习。孔子、墨子这两位贤士，没有爵位来使别人显赫，没有赏赐俸禄来给别人带来好处，但是，列举天下显赫荣耀之人，一定都称举这二位贤士。这二位贤士都死了很久了，可是追随他们的人更多了，他们的弟子越来越多，遍布天下。王公贵族因而宣扬他们；有爱子弟的，让他们的子弟跟随孔、墨的门徒学习，没有一时中断过。子贡、子夏、曾子向孔子学习，田子方向子贡学习，段干木向子夏学习，吴起向曾子学习，禽滑厘向墨子学习，许犯向禽滑厘学习，田系向许犯学习。孔墨后学在天下显贵尊荣的太多了，数也数不尽，这都是由于熏陶他们的人得当啊。

# 功　名①

由其道，功名之不可得逃，犹表②之与影，若呼之与响。善钓者出鱼乎十仞之下，饵香也；善戈者下鸟乎百仞③之上，弓良也；善为君者，蛮夷反舌殊俗异习④皆服之，德厚也。水泉深则鱼鳖归之，树木盛则飞鸟归之，庶草茂则禽兽归之，人主贤则豪杰归之。故圣王不务归之者，而务其所以归。

强令之笑不乐，强令之哭不悲。强令之为道也，可以成小，而不可以成大。

缶醯⑤黄，蚋聚之，有酸，徒水则必不可。以狸致鼠，以冰致蝇，虽工不能。以茹鱼⑥去蝇，蝇愈至，不可禁，以致之之道去之也。桀、纣以去之之道致之也，罚虽重，刑虽严，何益？

大寒既至，民暖是利；大热在上，民清是走。是故民无常处，见利之聚，无之去。欲为天子，民之所走，不可不察。今之世，至寒矣，至热矣，而民无走者，取⑦则行钧也。欲为天子，所以示民，不可不异也。行不异，乱虽信⑧今，民犹无走。民无走，则王者废矣，暴君幸矣，民绝望矣。故当今之世，有仁人在焉，不可而不此务，有贤主不可而不此事。

贤不肖不可以不相分，若命之不可易，若美恶之不可移。桀、纣贵为天子，富有天下，能尽害天下之民，而不能得贤名之。关龙逢、王子比干能以要领之死⑨，争其上之过，而不能与之贤名。名固不可以相分，必由其理。

## 注释

①功名：即求得功名之道。主旨是"悦近来远"。本篇阐述儒家学说。

②表：表木。在道旁竖一木杆，上横一短木，表示可以向君王提意见。后转为装饰之物。

③仞：古代以七尺或八尺为一仞。

④蛮夷：指四方的少数民族。蛮：古代南方的民族。夷：古代东方的民族。

⑤醯：醋。

⑥茹鱼：腐臭的鱼。

⑦取：通"趣"，趋向，奔赴。

⑧信：应是"倍"。

⑨关龙逢：夏朝大臣，因多次进谏，被夏桀杀害。王子比干：商纣的叔父，因多次劝谏纣王而被剖心。

## 译文

经由这条正道去追取功名，功名就不可能逃脱掉，就像横木跟影子，回应跟呼唤一样。擅长钓鱼的人能在七十尺的水下钓到鱼，是因为鱼饵香；擅长射猎的人能在七百尺的高空射下鸟儿，是因为弓箭好；擅长当君主的，连四方的少数民族都臣服他，是因为德望高。鱼鳖游归深邃的泉潭，飞鸟归返茂盛的树木，众草兴盛就使禽兽归向，君主贤能就使豪杰义士归属。所以圣明的君王不是在归附自己的人上下工夫，而是在使人归服的原因上致力。

强迫人笑，笑得不快乐；强迫人哭，哭得不悲伤；强迫人为道，可以为小道，但不可以为大道。

水缸的醋长了黄衣，螨虫聚满在上面，是因为有酸，仅仅只有水就一定不会这样。拿狸猫给老鼠，拿冰块给苍蝇，虽然工巧但不能招引它们来。用腐臭的鱼赶苍蝇，苍蝇来得越多，不可以禁止，这是用招引的方法来驱赶它们。桀、纣用驱赶百姓的方法来对待他们，即使用严刑重罚，又能有什么好处？

大寒已经到了，让人们穿得暖是有利的；大暑在即，让百姓得到清凉是应做的。所以，百姓没有居住在固定的地方，见到好处就聚集，没有好处就离开。想要成为天子，百姓之所以逃亡的原因不可以不察觉。当今之世，是极寒冷、极酷热的时候，但是百姓都没有逃亡，是因为世上君主的治理到处都一样残酷。想要成为天子，拿来展示给百姓看的东西，不可以不跟别国相异。所作所为没有什么不同，尽管比当今加倍的昏乱，但百姓还是没有逃亡。百姓不离开，君王就要被废除。如果暴君能得到幸运没被废除。那么百姓就绝望了。所以当今的世界，有仁义的人存在的话，就不可以不追求仁义；有贤能的君主，就不可以不注意仁义的事。

贤德和忤逆不可以不区分开，就像命数不可以扭转，像美好跟丑恶不可以互换。桀、纣拥有天子的尊贵，拥有天下的富裕，能够害遍天下的百姓，但不能得到贤德的名声。关龙逢、王子比干能用死来规劝他们君主的过失，但不能给予他们贤德的名声。名声本来就不可以相混淆，一定是有它的道理由来。

# 季春纪

# 季 春

季春之月：日在胃，昏七星中，旦牵牛中。其日甲乙，其帝太皞，其神句芒，其虫鳞，其音角，律中姑洗，其数八，其味酸，其臭膻，其祀户，祭先脾。桐始华，田鼠化为鴽，虹始见，萍始生。天子居青阳右个，乘鸾辂，驾苍龙，载青旗，衣青衣，服青玉，食麦与羊，其器疏以达。

是月也，天子乃荐鞠衣于先帝，命舟牧覆舟，五覆五反，乃告舟备具于天子焉。天子焉始乘舟。荐鲔于寝庙，乃为麦祈实。

是月也，生气方盛，阳气发泄，生者毕出，萌者尽达，不可以内。天子布德行惠，命有司发仓窌①，赐贫穷，振乏绝，开府库，出币帛，周天下，勉诸侯，聘名士，礼贤者。

是月也，命司空曰："时雨将降，下水上腾；循行国邑，周视原野；修利堤防，导达沟渎，开通道路，无有障塞；田猎罼弋②，罝罘罗网③，喂兽之药，无出九门。"

是月也，命野虞，无伐桑柘。鸣鸠拂其羽，戴任降于桑，具栚曲篿筐④，后妃斋戒，亲东乡躬桑。禁妇女无观。省妇使，劝蚕事。蚕事既登，分茧称丝效功，以共郊庙之服，无有敢堕⑤。

是月也，命工师令百工审五库之量，金铁、皮革筋、角齿、羽箭干、脂胶丹漆，无或不良。百工咸理，监工日号，无悖于时，无或作为淫巧，以荡上心。

是月之末，择吉日，大合乐，天了乃率三公、九卿、诸侯、大夫，亲往视之。

是月也，乃合累牛、腾马、游牝于牧。牺牲驹犊，举书其数。国人傩⑥，九门磔禳，以毕春气。

行之是令，而甘雨至三旬。季春行冬令，则寒气时发，草木皆肃，国有大恐。行夏令，则民多疾疫，时雨不降，山陵不收。行秋令，则天多沈阴，淫雨早降，兵革并起。

①窌：地窖。

②罩弋：打猎。

⑤罝罜：捕兽的网。罗：捕鸟的网。

④栚：搁架蚕箔的横木。曲：蚕薄。篆：圆底筐。筐：方形盛物的竹器。

⑤堕：通"惰"，懈怠。

⑥傩：古代的一种舞蹈，用于迎神驱鬼。

**译 文**

季春三月，太阳运行在胃宿，日昏时刻七星宿见于南方中天，平旦时刻牵牛宿见于南方中天。这一月天干属于甲乙，它的主宰之帝是太皞，佐帝之神是句芒。通过感知当时时气而开始活动的是鱼龙类的鳞族动物。它的声音是五音当中的角音，音律与姑洗相互应和。季春三月的数字是八，味道发酸，气味膻臊。季春之月要举行户祭，祭祀时要以脾先荐。在这一个月里，梧桐树开花，鼣鼠化成了鴽鸟，彩虹开始出现，水藻开始生长。天子居住在东向明堂的右侧室，乘坐着装饰着鸾铃的车驾，拉车的是青色的高头大马，车上还插有画着龙纹的青色大旗。天子身穿青衣，佩戴青玉，食用的是麦和羊肉，使用的是纹理稀疏条达的器物。

在这一月，天子要向先帝进献桑黄色的衣服。命令舟牧把船翻过来检查一下船只有没有漏洞，要翻倒五次扶正五次，之后要向天子报告船已备好，天子就开始乘船。这一个月要用鲔来进献祖庙，祈求保佑麦黍饱满。

在这一个月里，春天的旺盛的阳气开始发散，植物都萌芽，不可遏止。天子要施惠于百姓，命令相关的官吏打开粮仓赐予贫穷百姓，赈济困难；打开府仓，拿出棉被和银币周济百姓；恤勉诸侯，重用名士，礼待贤者。

在这一个月里，命令司空说："就要下雨了，地下的水分正在上浮；要注意巡视都城，检查原野；要整修堤坝，疏通沟道，开通道路，清除障碍；禁止把狩猎用的网具和毒药带出城外。"

在这一个月里，命令负责田野的山虞，要禁止砍伐桑树、柘树。此时，斑鸠振翅飞翔，戴任降落在桑树上。人们开始准备蚕箔、放蚕薄的支架和采桑的篮筐。后妃们斋戒身心，向着东方采摘桑叶。同时，要禁止妇女外出游赏，减少她们的杂役，鼓励她们采桑养蚕。之后，把蚕茧分给她们，让她们缫丝，然后称每人缫丝的重量，考核她们的功效。这些蚕丝是用来制作祭祀天帝祖先的祭服的，不允许任何人松懈。

在这一个月里，命令主管百工的工师，让百工仔细检查库房中器材的数量和质量，金铁、皮革、兽角兽齿、羽毛弓箭、油脂粘胶丹砂油漆，不得出现赝品。工匠们忙于工作，监工监督他们的工作，发号施令，确保器物不悖时宜，不得制作过于精巧的器物来扰乱天子的心思。

在这个月末，选定好日子，举行大规模的乐舞演练，天子要亲自率领三公九卿诸侯大夫前往观看。

在这一个月里，让公牛公马和母牛母马交配，记下选作祭品的牲畜数量。同时要举行祛除灾疫的祭礼，在九门宰杀牲畜辟邪，以此来结束春气。

实施以上的政令，及时雨就会降落，三旬降落三次。这个月如果实施本应该在冬天才推行的政令，寒气就会经常出现，草木就会枯萎，百姓就会感到恐慌。如果实施本应该在夏天才推行的政令，民间就会流行瘟疫，及时雨就不会降落，庄稼就不会有好收成。如果实施本应该秋天才推行的政令，天气就会经常阴晦，大雨过早降临，战事就会时常发生。

# 先　己

**原　文**

汤问于伊尹曰："欲取天下，若何？"伊尹对曰："欲取天下，天下不可取；可取，身将先取。"凡事之本，必先治身，啬其大宝。用其新，弃其陈，腠理遂通。精气日新，邪气尽去，及其天年。此之谓真人。

昔者，先圣王成其身而天下成，治其身而天下治。故善响者不于响于声，善影者不于影于形，为天下者不于天下于身。《诗》曰："淑人君了，其仪不忒①。其仪不忒，正是四国。"言正诸身也。故反其道而身善矣；行义则人善矣；乐备君道，而百官已治矣，万民已利矣。三者之成也，在于无为。无为之道曰胜天，义曰利身，君曰勿身。勿身督听，利身平静，胜天顺性。顺性则聪明寿长，平静则业进乐向，督听则奸塞不皇。故上失其道，则边侵于敌；内失其行，名声堕于外。是故百仞之松，本伤于下，而末槁于上；商、周之国，谋失于胸，令困于彼。故心得而听得，听得而事得，事得而功名得。五帝先道而后德，故德莫盛焉；三王先教而后杀，故事莫功焉；五伯先事而后兵，故兵莫强焉。当今之世，巧谋并行，诈术递②用，攻战不休，亡国辱主愈众，所事者末也。

夏后相与有扈战于甘泽而不胜。六卿请复之，夏后相曰："不可。吾地不浅，吾民不寡，战而不胜，是吾德薄而教不善也。"于是乎处不重席，食不贰味，琴瑟不张，钟鼓不修，子女不饬③，亲亲长长，尊贤使能。期年而有扈氏服。故欲胜人者，必先自胜；欲论人者，必先自论；欲知人者，必先自知。

《诗》曰："执辔如组。"孔子曰："审此言也，可以为天下。"子贡曰："何其躁也！"孔子曰："非谓其躁也，谓其为之于此，而成文于彼也。圣人组修其身而成文于天下矣。"故子华子曰："丘陵成而穴者安矣，大水深渊成而鱼鳖安矣，松柏成而途之人已荫矣。"

孔子见鲁哀公，哀公曰："有语寡人曰：'为国家者，为之堂上而已矣。'寡人以为迂言也。"孔子曰："此非迂言也。丘闻之，得之于身者得之人，失之于身者失之人。不出于门户而天下治者，其唯知反于己身者乎！"

**注释**

①忒：差错，过失。

②递：更迭，一个接一个。

③饬：通"饰"指过分重视衣饰。

**译文**

汤问伊尹："如何治理好天下？"伊尹回答说："要治理好天下的，反而治理不好。但天下是可以治理好的，只是首先要修治自身。"做事的根本在于修治自身，爱惜自己的生命。排除污浊之气，吸纳新鲜之气，身体就会舒畅。这样体内的新鲜空气就会天天更新，污浊之气就会得到消除，达到他应得的寿命。这种人就叫做"真人"。

古代圣王，修身养性以臻于德行完美，这样自然就成就了王道，治理好天下。所以，改善回音的人是不会致力于回音本身的，而是改善生成回音的声响；改变影子的人不会致力于影子本身，而是改变产生影子的物体；治理好天下的人不会致力于天下本身，而是修养自身。《诗经》上说："美好善良的君子啊！他们的行为举止没有差错，可以垂范四方的国民。"说的就是自身的修养。所以回到修养自身的道路，也就是自我完善，行为得当才能够导人为善。愿意遵循端拱垂衣的治国之道，百官就会恪尽职守，各负其责，国家平治，百姓得益。要实现以上几种情况，就要在于"无为"，就是顺其自然。无为的方法就是不用过多考虑。无为的君主就是指凡事不必亲自躬行，而只需要督责大臣。不亲自躬行就可以深藏不露而明断是非得失，不用过多的智慧就可以使百姓安宁，顺其自然就会因顺天性，就会目明耳聪，身体健康。百姓安宁就会事功有进，远人就愿意归往；督责大臣，就会奸宄不生，百姓就不至于惶恐不安。所以，国君治国无方就会导致敌国侵犯，这就是他们在朝暴乱、在外声名败坏的结果。所以，就是百仞的松树，一旦根本遭受伤害，就会枝叶枯槁。商、周正是由于谋略失误导致政事败坏。因此，考虑得当就能明辨事理，就能成就功业，就能获得盛名。五帝先行道而后施德，因而德行完美；三王先宣教而后布刑罚，因而功业稳固；五霸先礼后兵，因而军队才强大。当今世界，奸计遍施，诈术迭用，攻战不止，国家败亡，君主受辱之事日增，就是因为他们采取的是舍本求末的治国方法。

夏后启和有扈氏在甘泽决战，结果战败，六卿请求再战，夏后启说："不能再战了，我的国土并不小，百姓也不少，作战却败给了有扈氏，这是因为我的德行浅薄，政教不善啊！"从此他坐不重席，食不重味，不设琴瑟，不用钟鼓，子女的衣饰简朴；亲近自己的亲人，尊敬年长的人，重用贤能之士。一年之后，有扈氏臣服。所以想战胜别人，就必须先正确地

估价自己；想要了解别人，就必须先清楚地了解自己。

《诗经》说："驾驭车马就像编织一样。"孔子说："明晰这句话就能治理好天下。"子贡问："这不是太急躁了吗？"孔子说："这不是急躁，而是说自己要得心应手地编织，就会有华丽的纹理；圣人修身养性，就会政绩斐然，天下大治。"所以子华子说："有山岭的地方隐居洞穴的人就可以安心地生活；有深渊的地方鱼鳖就会安闲地生活；有松柏的地方旅者就可以乘凉。"

孔子见鲁哀公，哀公说："有人对我讲：'治理国家，安坐朝堂就可以了。'我认为这是不切合事理的说法。"孔子说："这并非迂阔之言。我曾听说：'凭自己得到的才能从他人那里得到，由于自己而失去的才会失去别人。'不出家门却能治理好天下的，说的正是知道回到修养自身这条路上的人啊！"

# 论　人①

主道约，君守近。太上反诸己，其次求诸人。其索②之弥远者，其推之弥疏；其求之弥强③者，失之弥远。

①论人：论说反省自身和要求于人的关系。本篇阐述的是道家伊尹学派的说法。

②索：求。

③强：远。

**译 文**

为君之道要简约无为，君王的操守在自身。首要的是返回到对自己的要求，然后才要求别人。他对别人的索求越深远，别人就越疏远他；他对别人的要求越强烈，他失去的就越多。

**原 文**

何谓反诸己也？适耳目，节嗜欲，释智谋，去巧故，而游意乎无穷之次，事心乎自然之涂，若此则无以害其天矣。无以害其天则知精，知精则知神，知神之谓得一。凡彼万形，得一后成。故知一，则应物变化，阔大渊深，不可测也。德行昭美，比于日月，不可息也。豪士时之，远方来宾，不可塞也。意气宣通，无所束缚，不可收也。故知知一，则复归于朴，嗜欲易足，取养节薄，不可得也。离世自乐，中情洁白，不可量①也。威不能惧，严不能恐，不可服也。故知知一，则可动作当务，与时周旋，不可极也。举错②以数，取与遵理，不可惑也。言无遗者，集肌肤，不可革也。谗人困穷，贤者遂兴，不可匿也。故知知一，则若天地然，则何事之不胜，何物之不应？譬之若御者，反诸己，则车轻马利，致远复食而不倦。昔上世之亡主，以罪为在人，故日杀戮而不止，以至于亡而不悟。三代之兴王，以罪为在己，故日功而不衰，以至于王。

**注 释**

①量：应该是"墨"字。

②举错：同"举措"，举止。

什么叫返回自身要求？使耳目适宜，节制喜好欲望，放下算计人的阴谋，去掉工巧故作之态，让想象漫游在无穷无尽的空间，让心放纵在自然之中，如果这样就对天性没有损坏。没有伤害天性就可以懂得精微的道理，懂得精微的道理就可懂得神气，懂得神气就可以说懂得道了。如此那些万物，懂道之后就可以修成正果。所以懂得了道的方法，就可随应万物的变化而变，变化博大精深，深不可测。德行昭彰美好，可跟日月相比，这些是不能忽视的。豪士应时而来，宾客自远方归服，不可以阻止。意气宣泄通畅，没有拘束，不可以收回。所以懂得了认识道的方法，就可返璞归真，喜好、欲望容易满足，有节制并少量地取用养身之物，并不占有它。离开繁华的都市自得其乐，心中的情感洁白无瑕，难以污染。威吓、严厉不能使他恐惧，不可以收服他。所以，懂得了认识道理的方法，就会行动适当，掌握要领，在时间中周旋，不会走上穷途末路。举止有规格，合乎常理，他就不会迷惑。言语得体，没有吞吞吐吐，话说出来后没有遗失，使人的肌肤有所感触，不可以随便更改。说坏话的人穷困潦倒，贤能的人意气风发，谗佞贤能都不可以遮掩。所以知道了明白道理的方法，就会像天地一样，有什么事情不能解决、什么事物不能应对的呢？就好像驾车的人，反过来要求自己，那么驾驭车马就能轻快利索，到达远的地方也很快，两顿饭的时间就到了，而且不觉得困倦。以前的亡国君主把亡国的过错推在别人的身上，所以每天不停地杀戮，以至于亡国都不知醒悟。三代中兴的贤君，把罪过担当在自己身上，所以每天不停地建功立业，以至成就了王业。

**原　文**

何谓求诸人？人同类而智殊①，贤不肖异，皆巧言辩辞，以自防御，此不肖主之所以乱也。凡论人，通则观其所礼，贵则观其所进，富则观其所养，听则观其所行，止则观其所好，习则观其所言，穷则观其所不受，贱则观其所不为；喜之以验其守，乐之以验其僻②，怒之以验其节③，惧之以验其特④，哀之以验其人，苦之以验其志，八观六验，此贤主之所以论人也。论人者，又必以六戚四隐。何谓六戚？父、母、兄、弟、妻、子。何谓四隐？交友、故旧、邑里、门郭。内则用六戚四隐，外则用八观六验，人之情伪贪鄙美恶无所失矣，譬之若逃雨，污⑤无之而非是。此圣王之所以知人也。

**注释**

①智殊：即其智有上下高低的差别。殊，不同。

②僻：邪。

③节：约束，节制。

④特：应为"持"。

⑤污：通"濡"，沾湿。

**译文**

什么叫求助别人？人们同是一类，但智力不同，贤能和奸邪的人不同，但都用花言巧语来为自己做掩饰，防止被人嫉妒，这是昏君迷乱的原因。凡是评论人，看他通达时对人的礼遇，显贵时对人的举荐，富有时对人的供养，听取意见时看他的行为，空闲时看他的喜好，任职时看他进谏的话语，穷困时看他不接受的东西，贫贱时观察他所不做的事；当他高兴时检验他是否做了不常见的行为，欢乐时检验他有何不好的癖好，当他发怒时检验他的节制能力，当他害怕时检验他是否保持气节，当他悲哀时检验他的仁爱之心，当他困苦时检验他的意志，从八面观察、六面检验看，这是贤能的君主评论人的标准。评论人又必须从六亲和四隐方面看。什么是六亲？是指父亲、母亲、哥哥、弟弟、妻子、儿子。什么是四隐？就是新朋友、旧相知、乡亲、邻居。观察一个人的内在就用六亲四隐的方法，观察一个人的外在就用八观六验的方法，人的情义、虚伪、贪婪、卑鄙、善良、邪恶都能无所遗漏地察看到，这就像在雨中奔跑，不被雨沾湿是不可能的，这是圣王能了解他人的原因。

# 圆　道

天道圜[①]，地道方。圣王法之，所以立上下。何以说天道之圜也？精气一上一下，圆周复杂，无所稽留，故曰天道圜。何以说地道之方也？万物殊类殊形，皆有分职，不能相为，故曰地道方。主执圜，臣处方，方圜不易，其国乃昌。日夜一周，圜道也。月躔二十八宿，轸与角属，圜道也。精行四时，一上一下，各与遇，圜道也。物动则萌，萌而生，生而长，长而大，大而成，成乃衰，衰乃杀，杀乃藏，圜道也。云气西行，云云然，冬夏不辍；水泉东流，日夜不休；上不竭，下不满，小为大，重为轻，圜道也。黄帝曰："帝无常处也，有处者乃无处也。"以言不刑蹇，圜道也。人之窍九，一有所居则八虚，八虚甚久则身毙。故唯而听，唯止；听而视，听止；以言说一。一不欲留，留运为败，圜道也。一也齐至贵，莫知其原，莫知其端，莫知其始，莫知其终，而万物以为宗。圣王法之，以令其性，以定其正，以出号令。令出于主口，官职受而行之，日夜不休，宣通下究，瀸于民心，遂于四方，还周复归，至于主所，圜道也。令圜，则可不可，善不善，无所壅矣。无所壅者，主道通也。故令者，人主之所以为命也，贤不肖、安危之所定也。人之有形体四枝[②]，其能使之也，为其感而必知也。感而不知，则形体四枝不使矣。人臣亦然。号令不感，则不得而使矣。有之而不使，不若无有。主也者，使非有者也，舜、禹、汤、武皆然。

先王之立高官也，必使之方，方则分定，分定则下不相隐。尧，舜，贤主也，皆以贤者为后，不肯与其子孙，犹若立官必使之方。今世之人主，皆欲世勿失矣，而与其子孙，立官不能使之方，以私欲乱之也，何哉？其所欲者之远，而所知者之近也。

今五音之无不应也，其分审也。宫、徵、商、羽、角，各处其处，音皆调均，不可以相违，此所以不受也。贤主之立官有似于此。百官各处其职、治其事以待主，主无不安矣，以此治国，国无不利矣；以此备患，患无由至矣。

**注释**

①圜：通"圆"，周而复始环绕运行不穷。

②枝：同"肢"。

**译文**

天道圜，地道方。君主取法天地之道，来定夺君臣上下的职分。为何说天道圜呢？阴阳之气升降自由，循环往复，无所稽留，所以说天道圜。为何说地道方呢？万物种类各异，形体有别，皆有不同的功能，不能替代他物，因此说地道方。所以君主执圜道，臣子处方道，方圜之道不相变易，国家就会昌盛。昼夜循环，是圜道。月亮周行二十八宿，从角宿始而终于轸宿，是圜道。阴阳二气四时运行，上下运行，交合转化，是圜道。物

种因精气发动而萌发，生成，壮大，壮大就会有衰弱，就会枯死，精气就会潜隐，是圜道。云气向西移动，四时不住地更替；河水东流，日夜不休；云气在上不会衰竭，江河在下不会盈满；溪流奔流不息汇入大海，湿重之气上升为轻浮之云，也是圜道。黄帝说："天帝没有固定的居处，有固定居处正是无固定居处。"就是说要无所不在，这也是圜道。人体有九窍，一窍闭塞就会八窍生病，长久之后就会毙命。应答着听人谈话时，应答就停止了；倾听别人谈话时四下张望，就已不再是倾听谈话了。用此来形容道，道是不会停滞的，停滞就会一事无成，这也是圜道。道是最珍贵的，没有人知道它的来源和起始，没有人知道它的归宿和终点，可万物都以它为根本。圣王取法道，以保全其生命，考定正曲，发号施令。法令出于君主，大臣遵守执行，日夜不休，广泛深入地下达四方，让百姓顺心称意，然后又把施行的效果汇报给君主，这是圜道。法令周全完善，则事成败得失就会无所阻塞地上达。没有闭塞，君主就会通晓下情，广纳忠言。所以，法令是君主视为生命的东西，它可以鉴别大臣的贤肖、国家的安危。身体四肢能受人的指使，因为身体四肢可以感知事物，若是不能感知，那么身体四肢就不受支配了。大臣也是这样，号令不能被他们所响应，就不能指使他们。有这样不为所用的大臣，不如没有。君主应能指使原非已有的大臣，舜、禹、汤、武就是这样。

古代圣王设置高官，必用方道来指使他们，用方道就会职分明确，这样大臣就不会损公利私。尧、舜是贤君，都选贤士作自己的继承者，而不肯传位给子孙，即好比任官必须靠方道来指使他们一样。当今君主，都想世代为君而不失，就传位给子孙，选官员不用方道，这还是因为私欲在作怪，为何？因为他们奢望达到的太遥远，自己的智识太短浅。

五音无不相互应和，这是因为各自的分工明确，宫商角徵羽各当其位，声音都和谐，互不干扰，这是五音彼此应和的原因。贤明君主设立官制，与此类似。百官各司其职，以侍奉君主，君王无不安宁其身。用这一方法治理国家，国家无不受益；用这一方法防备祸患，祸患无不匿迹。

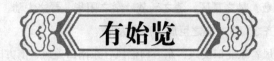

# 有始览

## 有 始

原 文

天地有始①。天微②以成，地塞③以形。天地合和，生之大经④也。以寒暑日月昼夜知之，以殊形殊能异宜说⑤。夫物合而成，离而生。知合知成，知离知生，则天地平矣，平也者，皆当察其情，处其形。

天有九野，地有九州，土有九山，山有九塞，泽有九薮，风有八等，水有六川。

何谓九野？中央曰钧天，其星角、亢、氐。东方曰苍天，其星房、心、尾。东北曰变天，其星箕、斗、牵牛。北方曰玄天，其星婺女、虚、危、营室。西北曰幽天，其星东壁、奎、娄。西方曰颢天，其星胃、昴、毕。西南曰朱天，其星觜巂、参、东井。南方曰炎天，其星舆鬼、柳、七星。东南曰阳天，其星张、翼、轸。

何谓九州？河、汉之间为豫州，周也。两河之间为冀州，晋也。河、济之间为兖州，卫也。东方为青州，齐也。泗上为徐州，鲁也。东南为扬州，越也。南方为荆州，楚也。西方为雍州，秦也。北方为幽州，燕也。

何谓九山？会稽、太山、王屋、首山、太华、岐山、太行、羊肠、孟门。

何谓九塞？大汾、冥阨、荆阮、方城、殽、井陉、令疵、句注、居庸。

何谓九薮？吴之具区、楚之云梦、秦之阳华、晋之大陆、梁之圃田、宋之孟诸、齐之海隅、赵之巨鹿、燕之大昭。

何谓八风？东北曰炎风，东方曰滔风，东南曰熏风，南方曰巨风，西南曰凄风，西方曰飂风，西北曰厉风，北方曰寒风。

何谓六川？河水、赤水、辽水、黑水、江水、淮水。

凡四海之内，东西二万八千里，南北二万六千里，水道八千里，受水者亦八千里。通谷六，名川六百，陆注三千，小水万数。

凡四极之内，东西五亿有九万七千里，南北亦五亿有九万七千里。

极星与天俱游，而天极不移。

冬至日行远道，周行四极，命曰玄明。夏至日行近道，乃参于上。当枢之下无昼夜。白民之南，建木之下，日中无影，呼而无响，盖天地之中也。

天地万物，一人之身也，此之谓大同。众耳目鼻口也，众五谷寒暑也，此之谓众异。则万物备也。天斟万物，圣人览焉，以观其类。解在乎天地之所以形，雷电之所以生，阴阳材物之精，人民禽兽之所安平。

### 注 释

①有始：天地之初始。始，初。

②微：轻微细小之物。

⑤塞：充塞。

④经：道，根本。

⑤说：解说。

### 译 文

天地是有初始的时期的。天是由轻微之物升扬生成，地是由重浊之物凝滞生成。天地之气相会交合，是生成万物的根本。通过寒暑的变化、日月的运行、昼夜的交替便可以知道这个道理，通过万物之间不同的形状、不同的性能和功用等方面也可以说明这个道理。万物都是通过天地之气交合而形成的，新的分离开来就叫做生成。知道交合就可以知道形成，知道分离就可以知道生成，那么就知道天地形成的道理了。知道了天地形成的道理，就应当考察万物的实情，探究万物的形态。

天有九野，地有九州，地上有九座高山，山间有九处险隘，水泽有九大湖泊，风有八种，水流有六大河流。

什么叫九野？天中央叫钧天，有角、亢、氐三星宿。东方叫苍天，有房、心、尾三星宿。东北叫变天，有箕、斗、牵牛三星宿。北方叫玄天，有婺女、虚、危、营室四星宿。西北叫幽天，有东壁、奎、娄三星宿。西方叫颢天，有胃、昴、毕三星宿。西南叫朱天，有觜觿、参、东井三星宿。南方叫炎天，有舆鬼、柳、七星三星宿。东南叫阳天，有张、翼、轸三星宿。

什么叫九州？黄河和汉水之间为豫州，是周王室的疆域。清河和西河之间为冀州，是晋国的疆域。黄河和济水之间为兖州，是卫国的疆域。东方是青州，是齐国的疆域。泗水上游为徐州，是鲁国的疆域。东南是扬州，是越国的疆域。南方为荆州，是楚国的疆域。西方为雍州，是秦国的疆域。北方为幽州，是燕国的疆域。

什么叫九山？就是指会稽山、泰山、王屋山、首阳山、华山、岐山、太行山、羊肠山、孟门山。

什么叫九大要塞？就是指大汾、冥阨、荆阮、方城、郩、井陉、令疵、句注、居庸。

什么叫九薮？就是指吴国的具区、楚国的云梦、秦国的阳华、晋国的大陆、梁国的圃田、宋国的孟诸、齐国的海隅、赵国的巨鹿、燕国的大昭。

什么叫八风？东北风叫炎风，东风叫滔风，东南风叫熏风，南风叫巨风，西南风叫凄风，西风叫飂风，西北风叫厉风，北风叫寒风。

什么叫六水？就是指黄河、赤水、辽水、黑水、江水、淮水。

四海之内，东西长两万八千里，南北长二万六千里。通航的河道八千里，受水的河道也有八千里。通达于穷荒的天际的大河有六条，大河六百条，小河三千条，小流数以万计。

四极之内，东西长达五亿零九万七千里，南北长也是五亿零九万七千里。

北极星和天体一起运行，而北天极不移动。冬至这一天，太阳运行在距北天极最远的轨道上，环行东西南北四个极点，光照较弱，所以被称为玄明。夏至这一天，太阳运行在距北天极最近的轨道上，太阳正在人的头顶。在天极的下面，没有昼夜之分。在白民国南部的建木的下面，中午没有影子，大声呼叫也没有声音，这儿大概就是天地的中心。

天地万物，如同人的身体，这就叫做"大同"。人有耳目鼻口，天地万物有五谷寒暑，这些称得上是多种多样，所以万物也就齐备了。天地聚集万物，圣人考察万物以了解它们的类别。例如理解天地之所以形成、雷电之所以发生、阴阳变化生成万物、人民禽兽各得其所的原因等方面。

# 应　同

凡帝王者之将兴也，天必先见祥乎下民①。黄帝之时，天先见大螾大蝼②。黄帝曰："土气胜③。"土气胜，故其色尚黄④，其事则土⑤。及禹之时，天先见草木秋冬不杀⑥。禹曰："木气胜。"木气胜，故其色尚青，其事则木。及汤之时，天先见金刃生于水。汤曰："金气胜。"金气胜，故其色尚白，其事则金。及文王之时，天先见火赤乌衔丹书集于周社⑦。文王曰："火气胜。"火气胜，故其色尚赤，其事则火。代火者必将水，天且先见水气胜。水气胜，故其色尚黑，其事则水。水气至而不知数备⑧，将徙于土。

天为者时，而不助农于下⑨。类固相召⑩，气同则合，声比则应⑪。鼓宫而宫动⑫，鼓角而角动。平地注水⑬，水流湿；均薪施火⑭，火就燥；山云草莽，水云鱼鳞，旱云烟火，雨云水波，无不皆类其所生以示人。故以龙致雨，以形逐影⑮。师之所处，必生棘楚⑯。祸福之所自来，众人以为命，安知其所。

夫覆巢毁卵，则凤凰不至；刳兽食胎⑰，则麒麟不来；干泽涸渔⑱，则龟龙不往。物之从同，不可为记⑲。子不遮乎亲⑳，臣不遮乎君。同则来，异则去。故君虽尊，以白为黑，臣不能听；父虽亲，以黑为白，子不能从。

黄帝曰："芒芒昧昧㉑，因天之威㉒，与元同气㉓。"故曰同气贤于同义，同义贤于同力，同力贤于同居，同居贤于同名。帝者同气，王者同义，霸者同力，勤者同居则薄矣㉔，亡者同名则㪍矣㉕。其智弥㪍者㉖，其所同弥㪍；其智弥精者，其所同弥精。故凡用意不可不精。夫精，五帝三王之所以成也。成齐类同皆有合㉗，故尧为善而众善至，桀为非而众非来。

《商箴》云㉘："天降灾布祥，并有其职㉙。"以言祸福人或召之也。故国乱非独乱也，又必召寇㉚。独乱未必亡也，召寇则无以存矣。凡兵之用也，用于利，用于义。攻乱则服㉛，服则攻者利；攻乱则义，义则攻者荣。荣且利，中主犹且为之，况于贤主乎？故割地宝器，卑辞屈服，不足以止攻，惟治为足㉜。治则为利者不攻矣，为名者不伐矣。凡人之攻伐也，非

49

为利则固为名也。名实不得，国虽强大者，曷为攻矣③？解在乎史墨来而

辍不袭卫³⁴，赵简子可谓知动静矣³⁵！

## 注释

①见：现，显现。祥：征兆。

②螾：同"蚓"。蚯蚓。蝼：蝼蛄。

③胜：过，这里是旺盛的意思。

④尚：崇尚。

⑤则：法，效法。

⑥杀：凋零。

⑦火赤乌：指由火幻化而成的赤色乌鸦。集：止。社：本指土神，这里指祭土神的地方。

⑧数备：气数已经具备。

⑨此句与上下文义不连贯，恐有脱文（依刘咸炘说）。

⑩固：当作"同"（依许维遹说）。

⑪比：并，这里是"同"的意思。

⑫鼓：敲击。宫和角都是古代五音之一。

⑬平地：同样平的地面。

⑭均薪：铺放均匀的柴草。就：靠近，接近。

⑮以形逐影：凭着形体寻找影子。

⑯棘楚：指丛生多刺的灌木。楚，荆，丛生的灌木。

⑰刳：剖开而挖空。

⑱干泽涸渔：把池泽的水弄干来捕鱼。涸，水枯竭。渔，捕鱼。

⑲不可为记：意思是不可胜记。

⑳遏：遏制。乎：于。

㉑芒芒昧昧：广大纯厚的样子。

㉒因：循，顺。咸：则，法则。

㉓元：天。

㉔勤：劳苦。

㉕牿：低劣。

㉖弥：愈，更加。

㉗咸：疑涉上文而衍。齐类同皆有合：大意是同类事物都能相聚合。齐，等。

㉘《商箴》：古书名，久已亡佚。

㉙职：主。

㉚寇：指外患。

㉛服：指被攻之国归服。

㉜惟治为足：这句大意是，只有国家治理得好，才足以制止敌人的攻伐。治，指国家治理得好。

㉝曷：何。

㉞史墨：春秋时晋国史官。辍：停止。史墨来辍不袭卫事详见《召类》篇，史墨作史默。

㉟赵简子：晋国正卿。知动静：知道该动即动，该止即止的道理。

### 译 文

　　凡是古代称帝称王的将要兴起，上天必定先向人们显示出征兆来。黄帝的时候，上天先显现出大蚯蚓大蝼蛄。黄帝说："这表明土气旺盛。"土气旺盛，所以黄帝时的服色崇尚黄色，做事情取法土的颜色。到夏禹的时候，上天先显现出草木秋冬时节不凋零的景象。夏禹说："这表明木气旺盛。"木气旺盛，所以夏朝的服色崇尚青色，做事情取法木的颜色。到商汤的时候，上天先显现水中出现刀剑的景象。商汤说："这表明金气旺盛。"金气旺盛，所以商朝的服色崇尚白色，做事情取法金的颜色。到周文王的时候，上天先显现由火幻化的红色乌鸦衔着丹书停在周的社庙上。周文王说："这表明火气旺盛。"火气旺盛，所以周朝的服色崇尚红色，做事情取法火的颜色。代替火的必将是水，上天将先显现水气旺盛的景象。水气旺盛，所以新王朝的服色应该崇尚黑色，做事情应该取法水的颜色。如果水气到来，却不知气数已经具备，从而取法于水，那么，气数必将转移到土上去。

上天有四时的运行，但并不帮助违背农时的农事。物类相同的就互相招引，气味相同的就互相投合，声音相同的就互相响应。敲击此处宫音，彼处宫音就随之振动；敲击此处角音，彼处角音就随之振动。在同样平的地面上灌水，水先向潮湿的地方流；在铺放均匀的柴草上点火，火先向干燥的地方燃烧。山上的云呈现草莽的形状，水上的云呈现鱼鳞的形状，干旱时的云就像燃烧的烟火，阴雨时的云就像荡漾的水波。这些都无不依赖它们赖以生成的东西来显示给人们。所以用龙就能招来雨，凭形体就能找到影子，军队经过的地方，必定生长出荆棘来。祸福的到来，一般人认为是"命"，哪里知道祸福到来的缘由。

捣翻鸟巢，毁坏鸟卵，那么凤凰就不会再来；剖开兽腹，吃掉兽胎，那么麒麟就不会再来；弄干池泽来捕鱼，那么龟龙就不会再去。事物同类相从的情况，难以尽述。儿子不会一味受父亲遏制，臣子不会一味受君主遏制。志同道合就在一起，否则就离开。所以君主虽然尊贵，如果把白当成黑，臣子就不能听从；父亲虽然亲近，如果把黑当成白，儿子也不能依顺。

黄帝说："广大纯厚，是因为遵循了上天的法则，与上天同气的缘故。"所以说同气胜过同义，同义胜过同力，同力胜过同居，同居胜过同名。称帝的人同气，称王的人同义，称霸的人同力。辛劳的君主同存于世，而德行就不厚道了；亡国的君主不仁不义，而德行就低劣了。智慧越是低劣的人，与之相应的就越是低劣；智慧越是精微的人，与之相应的就越是精微。所以凡思虑不可以不精微。精微，是五帝三王之所以成就帝业的原因。事物只要同类，都能互相聚合。所以尧做好事因而所有好事都归到他身上，桀干坏事因而所有坏事都归到他身上。

《商箴》上说:"上天降灾祸施吉祥,都有一定的对象。"这是说,祸福是人招致的。所以国家混乱不仅仅是混乱,又必定会招来外患。国家仅仅混乱未必会灭亡,招致外患就无法保存了。凡是用兵作战,都是用于有利的地方,用于符合道义的地方。攻打混乱的国家就容易使之屈服,敌国屈服,那么进攻的国家就得利;攻打混乱的国家就符合道义,符合道义,那么进攻的国家就荣耀。既荣耀又得利,具有中等才能的君主尚且这样做,何况是贤明的君主呢?所以,割让土地

献出宝器,言辞卑谦屈服于人,不足以制止别国的进攻,只有国家治理得好,才能制止别国的进攻。国家治理好了,那么图利的就不来进攻了,图名的就不来讨伐了。大凡人们进攻讨伐别的国家,不是图利就是图名。如果名利都不能得到,那么国家即使强大,又怎么会发动这种徒劳的攻伐呢?这道理的解释体现在史墨去卫国了解情况回来而赵简子就停止进攻卫国这件事上,赵简子可以说是懂得该动则动该止则止的道理了。

# 去 尤

**原 文**

世之听者,多有所尤[①],多有所尤则听必悖矣。所以尤者多故,其要必因人所喜,与因人所恶。东面望者不见西墙,南乡视者不睹北方,意有

所在也。

人有亡铁②者，意其邻之了，视其行步窃铁也，颜色窃铁也，言语窃铁三，动作态度无为③而不窃铁也。相其谷而得其铁，他日复见其邻之子，动作态度无似窃铁者。其邻之子非变也，己则变矣。变也者无他，有所尤也。

邾之故法，为甲裳以帛，公息忌谓邾君曰："不若以组。凡甲之所以为固者，以满窍也。今窍满矣，而任力者半耳。且组则不然，窍满则尽任力矣。"邾君以为然，曰："将何所以得组也？"公息忌对曰："上用之则民为之矣。"邾君曰："善。"下令，令官为甲必以组。公息忌知说之行也，因令其家皆为组。人有伤之者曰："公息忌之所以欲用组者，其家多为组也。"邾君不说，于是复下令，令官为甲无以组。此邾君之有所尤也。为甲以组而便，公息忌虽多为组何伤也？以组不便，公息忌虽无组，亦何益也？为组与不为组，不足以累公息忌之说。用组之心，不可不察也。

鲁有恶者，其父出而见商咄，反而告其邻曰："商咄不若吾子矣。"且其了至恶也，商咄至美也。彼以至美不如至恶，尤乎爱也。故知美之恶，知恶之美，然后能知美恶矣。庄子曰："以瓦投者翔，以钩投者战，以黄金投者殆。其祥一也，而有所殆者，必外有所重者也。外有所重者，泄盖内掘。"鲁人可谓外有重矣。解在乎齐人之欲得金也，及秦墨者之相妒也，皆有所乎尤也。

老聃则得之矣。若植木而立乎独，必不合于俗，则何可扩矣。

注 释

①尤：通"囿"。蒙蔽、局限之意。

②铁：通"斧"。

③无为：没有。

译 文

世界上的人观察判断事理，他们的见解往往有所局限，多有局限，那么观察问题、判断事情就一定会是荒谬的。之所以受局限，关键是在于人有各自的喜爱和各自的憎恶。向东观望的人，看不见西面的墙；朝南看的人，望不见北方，这就是因为心意偏于一方的原因。

有个人丢了斧子，怀疑是邻居的儿子偷去了，看他走路的样子都像是偷了斧子的，看他的神色也像是偷了斧子的，听他的说话也像是偷了斧子的，观察他的一举一动没有一样不像是偷斧子的样子。后来这个人挖谷仓的时候，发现了他失踪的斧子。之后再看他邻居的儿子，行为举止没有一样像是偷了斧子的人。邻居的儿子并没有改变，而是他自己改变了。自己改变的原因不是别的，只是因为自己的见解有所局限。

郈国的老办法，制作甲裳时用帛来连缀。公息忌对国君说："不如改用丝带来连缀。甲裳之所以坚固结实，是因为甲的缝隙都被塞满了。如今甲裳的缝隙虽然塞满了，可是却只是承受应该承受力的一半。可是用丝带连缀就不会这样，缝隙塞满了就可以承受它应该能承受的全部的力了。"国君认为他说得对，说："怎样才能得到丝带呢？"公息忌回答说："君主使用它，百姓就会制作它。"国君说："好！"于是发布命令，要求制作甲裳必须要用丝带连缀。公息忌知道自己的建议将要被实行，就让家人都编制丝带。有人诽谤公息忌，就对国君说："公息忌之所以想让国君改用丝绳，是因为他的家人编制了很多的丝绳呢。"国君就很生气，于是又下令仍然用帛来连缀甲裳而不再用丝绳。这样看来，国君是有所局限了。如果采用丝绳连缀甲裳便利的话，即使是公息忌家里有大量的丝绳又有何妨呢？如果用丝绳没有好处，即使公息忌家里没有人编织，又有什么好处呢？公息忌家里有没有编制丝绳，都不足以妨碍公息忌建议的意义。改用丝绳的用意，不能不明察清楚啊。

鲁国有一个长相丑陋的人，他的父亲外出时见到商咄，回到家后对邻居们说："商咄还不如我儿子好看。"但是他的儿子是很丑陋的，而商咄却是英俊漂亮。那人认为最漂亮的还不如最丑陋的，这是因为偏爱自己的儿子而有所蒙蔽的原因。所以，知道美好东西的不好方面，又知道不好的

东西的好的一方面，这样才能真正地了解好与不好。庄子说："用纺锤来作为赌注下注时人的内心是坦然的，用衣带钩作为赌注下注时内心是不安的，用黄金作为赌注时就会感到迷惑。他们的赌技是一样的，之所以让人觉得迷惑是因为心怀有所看重的外物；心怀有所看重的外物就会对它亲近而心神荡漾。"这个鲁人就是心怀有所看重的外物了。这样的道理可以从齐人想得到金子、秦国的墨者相互嫉妒的故事得到充分的说明，这些人就是都有所局限的啊。

老聃是明白这个道理的。他就像直立的树木一样独立生长，这样就会超脱出世俗和外物的局限，所以，还有什么能够让他心神不安呢？

# 听　言

**原　文**

听言不可不察，不察则善不善不分。善不善不分，乱莫大焉。三代分善不善，故王。今天下弥衰①，圣王之道废绝。世主多盛其欢乐②，大其钟鼓，侈其台榭苑囿③，以夺人财；轻用民死④，以行其忿。老弱冻馁，夭腯壮狡⑤，汔尽穷屈⑥，加以死虏。攻无罪之国以索地，诛不辜之民以求利，而欲宗庙之安也，社稷之不危也，不亦难乎？

今人曰："某氏多货，其室培湿⑦，守狗死，其势可穴也⑧。"则必非之矣。曰："某国饥⑨，其城郭庳⑩，其守具寡，可袭而篡之。"则不非之。乃不知类矣①。

《周书》曰⑫："往者不可及⑬，来者不可待，贤明其世⑭，谓之天子。"故当今之世，有能分善不善者，其王不难矣。善不善本于利，本于爱。爱利之为道大矣。夫流于海者，行之旬月⑮，见似人者而喜矣。及其期年也⑯，见其所尝见物于中国者而喜矣⑰。夫去人滋久⑱，而思人滋深欤！乱世之民，其去圣王亦久矣。其愿见之，日夜无间⑲。故贤王秀士之欲忧黔首者⑳，不可不务也㉑。

功先名，事先功，言先事。不知事，恶能听言㉒？不知情，恶能当言㉓？其与人榖言也，其有辩乎，其无辩乎㉔？

造父始习于大豆㉕，蠭门始习于甘蝇㉖。御大豆㉗，射甘蝇，而不徙之，以为性者也。不徙之，所以致远追急也㉘，所以除害禁暴也。凡人亦必有所习其心，然后能听说。不习其心，习之于学问。不学而能听说者，古今无有也。解在乎白圭之非惠子也㉙，公孙龙之说燕昭王以偃兵及应空洛之遇也㉚，孔穿之议公孙龙㉛，翟翦之难惠子之法㉜。此四士者之议，皆多故矣㉝，不可不独论㉞。

## 注 释

①弥：更加。

②盛其欢乐：使其欢乐盛。盛，用如使动。下文"大""侈"用法与此同。

③苑囿：养禽兽植林木的地方。

④轻：轻易。

⑤夭腾壮狡：使强壮有力的人夭折瘦弱。夭，早死。腾，通"瘬"。瘦弱。夭和腾都用如使动。狡，强壮有力。

⑥汔：几，几乎。穷屈：穷尽，走投无路。

⑦培：房屋的后墙。

⑧穴：用如动词，挖洞。

⑨饥：荒年，年成不好。

⑩城郭：城指内城，郭指外城。城郭连用泛指城墙。庳：低矮。

⑪类：类比。

⑫《周书》：古逸书。

⑬及：赶上，赶得上。

⑭贤明其世：使其世贤明。

⑮旬月：一个月。

⑯期年：一周年。

⑰中国：中原之国。

⑱去：离开。滋：益，越发。

⑲间：间断。

⑳秀士：杰出的人。黔首：战国及秦代对百姓的称谓。

㉑务：勉力。

㉒恶：何。

㉓当：合，相称。

㉔其与人㲉言也，其有辩乎，其无辩乎：此句义不通。当作"其与夫㲉音也，其有辩乎，其无辩乎"。"人"为"夫"字之误，"㲉言"为"㲉音"之误。《庄子·齐物论》作："其以为异于㲉音，亦有辩乎，其无辩乎？"文意与此正同。全句意谓，不能听言，与不能当言，那么人言与㲉音就没有区别了。㲉音，鸟初孵出时的叫声。辩，通"辨"。区别。（以上依陶鸿庆说）

㉕造父、大豆：都是古代善于驾车的人。大豆，他书或作"泰豆"。

㉖蠢门、甘蝇：都是古代善于射箭的人。蠢门，他书或作"蠢蒙""逢蒙"等。

㉗御大豆：向大豆学习驾车。"御"后省略了介词"于"。下句"射甘蝇"指向甘蝇学习射箭。

㉘致远追急：指驭术之功效。下句"除害禁暴"指射术之功效。

㉙白圭：名丹，字圭，魏人（依梁玉绳说）。惠子：惠施，宋人，仕魏。白圭非惠子之事见《不屈》篇。

㉚公孙龙：魏人，战国时名家的代表人物。燕昭王：战国时燕国君主，公元前311年—公元前279年在位。偃：止息，消除。公孙龙说燕昭王以偃兵之事见《应言》篇。应空洛之遇事见《淫辞》篇，该篇作"空雄"，当为"空雒"（雒同"洛"）之误。空洛，地名。遇，盟会。

㉛孔穿：字子高，孔子的后代。孔穿议公孙龙之事见《淫辞》篇。

㉜翟翦：魏国人，翟黄（又作翟璜）的后代。翟翦难惠子之法事见《淫辞》篇。

㉝故：缘故，原因。

㉞独论：等于说熟论。

**译 文**

听到话不可不考察；不考察，那么好和不好就不能分辨。好和不好不能分辨，祸乱没有比这更大的了。夏、商、周三代能分辨好和不好，所以能称王天下。如今世道更加衰微，圣王之道被废弃灭绝。当世的君主尽情寻欢作乐，把钟鼓等乐器造得很大，把台榭园林修得很豪华，因而耗费了人民的钱财；随随便便让人民去送命，来发泄自己的愤怒。年老体弱的人受冻挨饿，强壮有力的人被弄得夭折瘦弱，几乎都落到走投无路的地步，又把死亡和被俘的命运加在他们身上。攻打没有罪的国家以便掠取土地，杀死没有罪的人民以便夺取利益。这样做却想让宗庙平安，让国家不危险，不是很难吗？

假如有人说："某某人有很多财物，他家房屋的后墙很潮湿，看家的狗死了，这是可以挖墙洞的好机会。"那么一定会责备这个人。如果说："某某国遇到荒年，它的城墙低矮，它的防守器具很少，可以偷袭并且夺取它。"对这样的人却不责备，这就是不知道类比了。

《周书》中说："逝去的不可追回，未来的不可等待，能使世道贤明的，就叫做天子。"所以在今天的社会上，有能分辨好和不好的，他称王天下是不难的。区分好和不好的关键在于爱，在于利，爱和利作为原则来说是太大了。在海上漂泊的人，漂行一个月，看到像人的东西就很高兴了。等到漂行一年，看到曾在中原之国看到过的东西就很高兴了。这就是离开人越久，想念人就越厉害吧！混乱社会的人民，他们离开圣王也已经很久了，他们希望见到圣王的心情，白天黑夜都不间断。所以那些想为百姓忧虑的贤明君主和杰出人士，不可不在这方面努力啊。

功绩先于名声，事情先于功绩，言论先于事情。不了解事情的实质，怎么能听信言论？不了解内情，怎么能使言论与事实相符？如果不能这样，那么人言与鸟音，是有区别呢，还是没有区别呢？

造父最初向大豆学习，蠭门最初向甘蝇学习。向大豆学习驭术，向甘蝇学习射术，专心不渝，以此作为自己的本质。专心不渝，这是他们所以能学到致远追急的驭术、除暴禁害的射术的原因。大凡人也一定要修养自己的心性，然后才能正确听取别人的议论。不修养自己的心性，也要研习学问。不学习而能正确听取意见的，从古到今都没有。这道理体现在白圭非难惠子、公孙龙以消除战争劝说燕昭王以及应付秦赵的空洛盟约、孔穿非议公孙龙、翟翦责难惠子制定的法令等方面。这四个人的议论，都包含着充足的理由，对此是不可不认真辨察清楚的。

# 谨　听

昔者禹一沐而三捉发①，一食而三起，以礼有道之士，通乎己之不足也。通乎己之不足，则不与物争矣。愉易②平静以待之，使夫自得之；因

然而然之，使夫自言之。亡国之主反此，乃自贤而少人，少人则说者持容而不极，听者自多而不得，虽有天下何益焉？是乃冥之昭，乱之定，毁之成，危之宁，故殷、周以亡，比干以死，悖而不足以举。

故人主之性，莫过③乎所疑，而过于其所不疑；不过乎所不知，而过于其所以知。故虽不疑，虽已知，必察之以法，揆之以量，验之以数。若此则是非无所失，而举措无所过矣。

夫尧恶得贤天下而试舜？舜恶得贤天下而试禹？断之于耳而已矣。耳之可以断也，反性命之情也。今夫惑者，非知反性命之情，其次非知观于五帝三王之所以成也，则奚自知其世之不可也？奚自知其身之不逮也？太上知之，其次知其不知。不知则问，不能则学。《周箴》曰："夫自念斯，学德未暮。"学贤问，三代之所以昌也。不知而自以为知，百祸之宗也。名不徒立，功不自成，国不虚存，必有贤者。贤者之道，牟而难知，妙而难见。故见贤者而不耸则不惕④于心，不惕于心，则知之不深。不深知贤者之所言，不祥莫大焉。

主贤世治，则贤者在上；主不肖世乱则贤者在下。今周室既灭，而天子已绝。乱莫大于无天子，无天子则强者胜弱，众者暴寡，以兵相残，不得休息，今之世当之矣。故当今之世，求有道之士，则于四海之内，山谷之中、僻远幽闲之所，若此则幸于得之矣。得之则何欲而不得？何为而不成？太公钓于滋泉，遭纣之世也，故文王得之而王。文王，千乘也；纣，天子也。天子失之而千乘得之，知之与不知也。诸众齐民，不待知而使，不待礼而令。若夫有道之士，必礼必知，然后其智能可尽。解在乎胜书之说周公，可谓能听矣；齐桓公之见小臣稷，魏文侯主见田子方也，皆可谓能礼士矣。

注 释

①沐：洗发。捉：握。

②愉易：平和。

③过：差错。

④竦：敬。惕：动。

译 文

古代的时候，禹每洗一次头都要多次停下来手抓着头发，吃一次饭都要多次起身，他这么做就是为了尊敬有道的贤士，弥补自己的不足。弥补自己的不足，就不容易和其他人发生争端。贤明君主以平和恬静的心态来对待外物，让有道之士各得其所；一切都会顺其自然，他们就会尽情地表自己的见解和意见。但是亡国之君恰恰与此相反，他们自以为是贤明就鄙视别人，鄙视别人就导致说话的人有所顾虑而不能畅所欲言，听取别人意见的人自视清高而没有收获，这样就是拥有天下又有什么用呢？这实际上就是把昏暗当成光明，把混乱当成安定，把毁坏当成建设，把危险当成安宁罢了。商、周就因此而灭亡，比干因此而屈死，这样荒唐的事情不胜枚举。

所以，做君主的常情是，自己有所怀疑的事情就不会犯错误，而自己深信不疑的事情则会犯错误；自己不知道的事情就不会犯错误，而自己有所知道的事情却会犯错误。所以，即使是自己深信不疑的，即使是自己已经知道的，也一定要用心加以考察，用度量加以衡量，用数术加以检验。这样的话，是非的判断就不会出错，行为举动就不会有过错了。

尧如何选拔天下贤人而任用了舜呢？舜怎样选拔天下贤人而任用了禹呢？只是根据耳朵做出决断罢了。凭耳朵听能够决断贤与不肖，只是由

少年读吕氏春秋

62

于它回归于自然的常理。现在那些糊涂的人，首先不知道回归于自然的常理，又不知道考察五帝三王之所以成就丰功伟业的原因，那又怎么知道自己所生活的世道不如尧舜之世呢？自己怎么知道自身远远逊于五帝三王呢？最高明的是有所知道，其次是知道自己有所不知。不知就要问，不会就要学。《周箴》中说："只要自己经常思考这些问题，修养求学就不算晚。"勤学好问、请教贤士，这正是夏、商、周三代之所以昌盛的原因。不知道却自以为知道，这是各种祸患的根源。名声不会无缘无故地树立，功劳不会自然而然地成就，国家不会平白无故地存在，一定要有贤士的辅佐。贤能之人的道术博大而难以知晓，精妙而难以了解。所以，遇到贤士而没有恭敬，就会无动于心；无动于心，就不能深刻了解贤人；不能深刻地了解贤人的言论，没有比这更大的祸患了。

君主贤明，世道太平，那么贤德之人就处在上位；君主不贤明，世道混乱，那么贤德之人就处在下位。现在，周王室已经灭亡，天子已经断绝。世道混乱没有比无天子更严重的了。没有天子，那么势力强的就会压倒势力弱的，人多的就会欺凌人少的。他们出动军队互相残杀，人民得不到休养生息的机会。当今的社会正是这样的情形。所以，当今之世，要寻找有道之人，就要到四海边、山谷中和偏远幽静的地方，这样或许还能找到他们。有了这样的人，那么想要什么不能得到？想做什么不能成功？姜太公在滋泉钓鱼，是因为遇到了纣当天子的时代，周文王得到了他因而能称王天下。文王是诸侯，而纣是天子。天子失去了姜太公，而诸侯却得到了姜太公，这是因为一个知道求贤，一个不知道求贤。对于一般的平民百姓，不待了解他们就可使用他们，不用以礼相待就可命令他们。对待有道之人，则一定要有礼貌，一定要知遇他们，然后，他们才肯尽其聪明才智来辅佐你。这个道理体现在胜书劝说周公这件事上，周公可以说是能倾听别人意见的人了；这个道理还体现在齐桓公去见小臣稷、魏文侯去见段干木上。这些君主都可以说是能礼贤下士的了。

# 务　本

**原文**

　　尝试观上古记，三王①之佐，其名无不荣者，其实无不安者，功大也。《诗》云："有暗凄凄②，兴云祁祁③，雨我公田，遂及我私。"三王之佐，皆能以公及其私矣。俗主④之佐，其欲名实也与三王之佐同，而其名无不辱者，其实无不危者，无公⑤故也。皆患其身不贵于国也，而不患其主之不贵于天下也；皆患其家之不富也，而不患其国之不大也；此所以欲荣而愈辱，欲实而益危。安危荣辱之本在于主，主之本在于宗庙，宗庙之本在于民，民之治乱在于有司。《易》曰："复自道，何其咎，吉。"以言本无异则动卒有喜。今处官则荒乱，临财则贪得，列近则持谀，将众则罢怯，以此厚望于主，岂不难哉？

　　今有人于此，修身会计则可耻，临财物资尽则为己，若此而富者，非盗则无所取。故荣富非自至也，缘功伐也。今功伐甚薄而所望厚，诬也；无功伐而求荣富，诈也；诈诬之道，君子不由。人之议多曰："上用我则国必无患。"用己者未必是也，而莫若其身自贤，而己犹有患，用己于国，恶得无患乎？己，所制⑥也，释其所制，而夺乎其所不制，悖，未得治国治官可也。若夫⑦内事亲，外交友，必可得也。苟事亲未孝，交友未笃，是所未得，恶能善之矣？

　　故论人无以其所未得，而用其所已得，可以知其所未得矣。

　　古之事君者，必先服能然后任，必反情然后受。主虽过与，臣不徒取。《大雅》曰："上帝临汝，无贰尔心。"以言忠臣之行也。解在乎郑君之问被瞻之义也，薄疑应卫嗣君以无重税，此二士者皆近知本矣。

## 注　释

①三王：即禹王、汤王、文王、武王，他们是夏、商、周三代之王，是三个时代的代表。

②暗：此指阴雨。凄凄：寒凉的样子。

③祁祁：众多的样子。此形容浓云密布。

④俗主：平庸的君主。

⑤公：通"功"。

⑥制：制约。

⑦若夫：至于。

## 译　文

考察一下上古的记述，三王的辅臣，他们的声誉没有不荣耀的，地位没有不安稳的，这是因为他们的功绩显赫的原因。《诗经》上说："阴雨蒙蒙，浓云凄凄。甘雨降临在公田上，也滋润着各家的私田。"三王的功臣都能因为对国家的巨大贡献而获得自己的私利。平庸君主的辅臣，他们希望自己的名誉地位能与三王的辅臣们相同，可是他们的名声没有不遭受耻辱的，他们的地位没有不处于危机的，这是因为他们没有为国家建立功勋的缘故。他们都担心自身不能在国内显贵，却不担心自己的君主在天下没有受人尊重的地位；他们都忧虑自己的家族不能富足，却不忧虑自己的国家不强大。这就是导致他们越是追求荣耀富贵反而越是遭受耻辱，越是向往安逸反而越是困危的缘由所在。安逸、艰危、荣显、耻辱的根本，就在于君主；君主的根本，在于宗庙；宗庙的根本，在于百姓；百姓安居乐业或是流离失所的根本，在于百官。《周易》上说："从通达的正道返回，周行不息，有什么灾难！大吉。"这就是说在根本没有发生变化的情况下，其他的任何举动都会有好的结果。现今，作为官员却在荒废政事，行为乖戾；见到财物就贪婪无厌；身处心腹之位却无所诤谏，带领军队作战却显

得胆小懦弱。就凭这样的表现却奢望国君能给以优厚的待遇，这不是太难了吗？

如果有这样一个人，视持节修身、清廉理财为可耻的事，看见财富就想占为己有，那么，他若想富足，除非是去盗窃，否则便是致富无门。所以，荣华富贵是不会自己找上门来的，是要靠建立功劳去获得的。功绩平平却奢求太高，这是欺骗。没有建立功绩却想获得荣华富贵，这是诈取。正人君子是不屑采用欺骗、诈取的方法的。有很多人谈论说："如果我被国君重用的话，国家肯定就不会有祸患存在。"但是即使国君任用了他，结果也未必如此，反而不如自己持节修身。假如他自身尚且有所祸患，任用这样的人来治理国家，又怎么能保证国家就没有祸患呢？己身是自己尚能约束控制的，如果放弃自己所能约束控制的，却去致力于自己不能控制约束的东西，那么这就是很荒唐的事情。所以，阻止这样的人去管理百官、治理国家是有道理的。至于在家孝顺父母，在外谨慎真诚结交朋友，这是一定能做到的。如果对待父母尚且不孝顺，结交朋友又不真诚，孝亲笃友都不能做到，这样怎么能让人称赞他呢？因此，评价一个人不能依据他所没有做到的那些事，而应该根据他已经做了的那些事，这样才能知道他未能做到的事。

古时候，侍奉君主的人一定是在展示了自己的才能之后才能担任相关官职；一定是先省察自身之后才能接受俸薪。即使君主想增加他们的俸禄，他们也不能没缘由地接受。《大雅》上说："上帝监视着你们，不要有贰心。"这谈的是忠臣的品行。郑君询问被瞻的态度、薄疑以不要加重赋税回答卫嗣君这两件事就可以说明这个道理。被瞻、薄疑这两位士人,都接近于知道作为大臣的根本了。

# 谕　大

**原　文**

昔舜欲旗古今而不成[1],既足以成帝矣[2];禹欲帝而不成,既足以正殊俗矣[3];汤欲继禹而不成,既足以服四荒矣[4];武王欲及汤而不成,既足以王道矣[5];五伯欲继三王而不成,既足以为诸侯长矣;孔丘、墨翟欲行大道于世而不成,既足以成显名矣。夫大义之不成,既有成矣已[6]。

《夏书》曰[7]:"天子之德广运[8],乃神[9],乃武乃文。"故务在事,事在大[10]。地大则有常祥、不庭、歧母、群抵、天翟、不周[11],山大则有虎、豹、熊、螇蛆[12],水大则有蛟、龙、鼋、鼍、鳣、鲔[13]。《商书》曰[14]:"五世之庙,可以观怪。万夫之长,可以生谋。"空中之无泽陂也[15],井中之无大鱼也,新林之无长木也。凡谋物之成也,必由广大众多长久,信也。

季子曰[16]:"燕雀争善处于一屋之下[17],子母相哺也,姁姁焉相乐也[18],自以为安矣。灶突决[19],则火上焚栋,燕雀颜色不变,是何也?乃不知祸之将及己也。"为人臣免于燕雀之智者寡矣。夫为人臣者,进其爵禄富贵,父子兄弟相与比周于一国[20],姁姁焉相乐也,以危其社稷。其为灶突近也,而终不知也,其与燕雀之智不异矣。故曰:"天下大乱,无有安国;一国尽乱,无有安家[21];一家皆乱,无有安身。"此之谓也。故小之定也必恃

67

大㉒，大之安也必恃小。小大贵贱，交相为恃，然后皆得其乐。定贱小在于贵大，解在乎薄疑说卫嗣君以王术㉓，杜赫说周昭文君以安天下㉔，及匡章之难惠子以王齐王也㉕。

注 释

①旗古今：包罗古今的意思。旗，旧校说：旗一作"褶"。作"褶"是。褶，通"冒"，覆盖，这里是包罗的意思。

②这句和以下几句都是说，要有远大志向，即便大志未能实现，但必有成就。

③殊俗：异方之俗。

④四荒：四方极远之地。

⑤既足以王道矣：此句当有脱误。《务大》篇作"既足以王通达矣"，此句当据以订正。通达：指舟车人力所能到达之处。

⑥既有成矣已："矣""已"二字当衍其一(依毕沅说)。《务大》篇无"矣"字，此处"矣"字疑衍。

⑦《夏书》：古逸书。引文今见于伪古文《尚书·大禹谟》，文字略有出入。

⑧广运：广大深远。

⑨乃：助词，无义。神：玄妙神奇。

⑩务：事。事：做。

⑪常祥、不庭、歧母、群抵、天翟、不周：都是山名，所在不详。可参阅《山海经》。

⑫螇蛆：当是兽名。毕沅说"或是猨狚"。猨狚，猿猴。

⑬鼋：大龟。鼍：鼍龙，鳄鱼的一种，俗称"猪婆龙"。鳣、鲔：两种大鱼。

⑭《商书》：古逸书。

⑮空：通"孔"，小洞穴。陂：池。

⑯季子：人名，生平不详。

⑰屋：房顶。

⑱姁姁焉：喜悦自得的样子。

⑲突：烟囱。决：缺，裂。

⑳比周：结党营私。

㉑天下：指天子统辖的范围。国：指诸侯统辖的范围。家：指大夫统辖的范围，即采邑。

㉒小：身对于家，家对于国，国对于天下，都是小。反之为大。

㉓薄疑说卫嗣君以王术：参见《务大》篇。薄疑以"乌获举千钧，又况一斤"为喻，以"千钧"喻王术，以"一斤"喻治国，说明掌握了王术（"大义"），治国（小事）极易。强调了贵大之意。

㉔杜赫说周昭文君以安天下：参见《务大》篇。杜赫，周人。周昭文君，战国时东周之君。周昭文君愿学安定周国之道，杜赫用安定天下之道劝说他，其意仍在于明"务大"之旨。

㉕匡章之难惠子以王齐王：参见《爱类》篇。匡章，齐人，曾为齐威王、齐宣王将。惠子，姓惠名施，宋人，曾为梁惠王相，庄子的朋友。本文取惠子王齐王以说明贵大之旨。

### 译文

　　从前舜想要包罗古今，虽不能成功，却已经足以成就帝业了；禹想要成就帝业，虽不能成功，却已经足以使异方之俗得到匡正了；汤想要继承禹的事业，虽不能成功，却已经足以使四方荒远之地归服了；周武王想赶上汤的事业，虽不能成功，却已经足以在舟车所通、人迹所至之处称王了；五霸想要继承三王的事业，虽不能成功，却已经足以成为诸侯的盟主了；孔丘、墨翟想要在世上推行自己的政治主张，虽不能成功，却已经足以成就显赫的名声了。他们所追求的远大理想虽不能成功，却已经足以有所成就了。

《夏书》上说："天子的功德，广大深远，玄妙神奇，既勇武又文雅。"所以，事业的成功在于做，做的关键在于目标远大。地大了，就有常祥、不庭、歧母、群抵、天翟、不周等高山；山大了，就有虎、豹、熊、猿猴等野兽；水大了，就有蛟龙、鼋、鼍、鳣、鲔等水族。《商书》上说："五代的祖庙，可以看到鬼怪。万人的首领，可以产生奇谋。"孔穴中没有池沼，水井中没有大鱼，新林中没有大树。凡是谋划事情取得成功的，必定是着眼于广大、众多、长久，这是确定无疑的。

季子说："燕雀在一处屋顶之下争夺好地方，母鸟哺育着幼鸟，都欢乐自得，自以为很安全了。灶的烟囱裂了，火冒了出来，向上烧着了房梁，可是燕雀却安然自若，这是为什么呢？是不知道灾祸将要降到自己身上啊。"做臣子的能够避免燕雀那样见识的人太少了。做臣子的，只顾增加他们的爵禄富贵，父子兄弟在一国之中结党营私，欢乐自得，以危害他们的国家。他们离灶上的烟囱很近，可是却始终不知道，他们和燕雀的见识没有什么不同了。所以说："天下大乱了，就没有安定的国家；整个国家都乱了，就没有安定的采邑；整个采邑都乱了，就没有平安的个人。"说的就是这种情况。所以，小的获得安定必定要依赖大的，大的获得安定必定要依赖小的。小和大，贵和贱，彼此互相依赖，然后才能都得到安乐。使贱、小获得安定在于贵、大，这个道理体现在薄疑用成就王业的方法劝说卫嗣君、杜赫用安定天下的方法劝说周昭文君，以及匡章责难惠子尊齐王为王这些事上。

# 孝行览

## 孝　行

凡为①天下，治国家，必务本而后末。所谓本者，非耕耘种殖之谓，务其人也。务其人，非贫而富之，寡而众之，务其本也。务本莫贵于孝。人主孝，则名章荣，下服听，天下誉；人臣孝，则事君忠，处官廉，临难死；士民孝，则耕芸疾②，守战固，不罢北③。夫孝，三皇五帝之本务，而万事之纪也。

夫执一术而百善至，百邪去，天下从者，其惟孝也！故论人必先以所亲，而后及所疏；必先以所重，而后及所轻。今有人于此，行于亲重，而不简慢于轻疏，则是笃谨孝道。先王之所以治天下也。故爱其亲，不敢恶人；敬其亲，不敢慢人。爱敬尽于事亲，光耀加于百姓，究于四海，此天子之孝也。

曾子曰："身者，父母之遗体也。行父母之遗体，敢不敬乎？居处不庄，非孝也；事君不忠，非孝也；莅官④不敬，非孝也；朋友不笃，非孝也；战陈⑤无勇，非孝也。五行不遂，灾及乎亲，敢不敬乎？"

《商书》曰："刑三百，罪莫重于不孝。"

曾子曰："先王之所以治天下者五：贵德、贵贵、贵老、敬长、慈幼。此五者，先王之所以定天下也。所谓贵德，为其近于圣也；所谓贵贵，为其近于君也；所谓贵老，为其近于亲也；所谓敬长，为其近于兄也；所谓慈幼，为其近于弟也。"

曾子曰："父母生之，子弗敢杀；父母置之，子弗敢废；父母全之，子弗敢阙⑥。故舟而不游⑦，道而不径⑧，能全支⑨体，以守宗庙，可谓孝矣。"

养有五道：修宫室、安床第、节饮食，养体之道也；树五色，施五采，列文章，养目之道也；正六律，和五声，杂八音，养耳之道也；熟五谷，烹六畜，和煎调，养口之道也；和颜色，说言语，敬进退，养志之道也。此五者，代进而厚用之，可谓善养矣。

乐正子春下堂而伤足，瘳⑩而数月不出，犹有忧色。门人问之曰："夫子下堂而伤足，瘳而数月不出，犹有忧色，敢问其故？"乐正子春曰："善乎而问之！吾闻之曾子，曾子闻之仲尼：父母全而生之，子全而归之，不亏其身，不损其形，可谓孝矣。君子无行咫步而忘之。余忘孝道，是以忧。"故曰，身者非其私有也，严亲之遗躬也。

民之本教曰孝，其行孝曰养。养可能也，敬为难；敬可能也，安为难；安可能也，卒为难。父母既没，敬行其身，无遗父母恶名，可谓能终矣。仁者，仁此者也；礼者，履此者也；义者，宜此者也；信者，信此者也；强者，强此者也。乐自顺此生也，刑自逆此作也。

**注释**

①为：治。

②芸：通"耘"，除草。疾：用力。

③罢：通"疲"，困乏。北：败北。

④莅官：居官。莅：临。

⑤陈：同"阵"，军阵。

⑥阙：通"缺"，损，坏。

⑦舟：作动词，乘舟。游：游涉。

⑧道：行道。径：小路，此作动词用，走小路。

⑨支：通"肢"。

⑩瘳：病愈。

## 译文

凡是统治天下，治理国家，必定要首先致力于根本，其次推及枝节。这里讲的根本，不是说耕种五谷，而是说致力于治人。治人，不是说让贫穷的人富裕起来，让稀少的人口增多起来，而是说致力于做人的根本。确定做人的根本，重要性没有比得上孝道的了。君主孝敬父母，就会声名显赫，民众归服，天下称赞；人臣孝敬父母，就会忠诚侍奉君主，清正为官，在危难时刻能够挺身而出；士民孝敬父母，就会勤劳耕耘，坚守力战，不会临阵脱逃。孝敬父母，这是三皇五帝的治国之策，是处理万事的原则。

掌握了一种方法，从而可以带来各种好事，去除各种恶事，并且能够使天下人服从的，大概只有孝道了吧。所以，在评价人物时，应该先察看他对自己所亲近的人的态度，其次再察看他对自己所疏远的人的态度；必须先察看他对自己所敬重的人的态度，然后再察看他对自己所忽视的人的态度。如果有这样一个人，他孝敬父母，对自己所疏远忽视的人没有粗鲁无礼，那么这个人就是忠厚、谨慎的。古代圣王贤帝就是用这种方法来治理天下的。因此，对自己的亲人热爱就不会嫌弃他人；对自己的亲人敬重就不敢轻慢他人。竭尽全力地敬爱自己的亲人，民众就会受天子这种孝道的影响从而使其传播普照，以至遍及四海。这就是天子的孝道啊！

曾子说："人的身体是父母身体的延续。使用父母遗留下来的躯体，怎么敢不敬畏？如果坐立行止不庄重，那就是对父母的不孝；侍奉君主不忠，就是对父母的不孝；为官不谨慎，是对父母的不孝；交朋友不诚心，是对父母的不孝；临阵脱逃，是对父母的不孝。这五种要求如果不能做到，就会殃及父母，所以怎么能不谨慎呢？"

《商书》说："刑法三百条，没有比不孝更重的罪名了。"

曾子说："古代圣王用来治理天下的措施有五条：崇尚有德者，崇尚尊贵者，尊敬老者，尊重年长者，爱护年幼者。这五条就是先王用来安定天下的办法。崇尚有德的人是因为他们接近于圣贤；崇尚尊贵的人是因为他们接近于君主；尊敬老者是因为他们接近于自己的父母；尊敬年长者是因为他们接近于自己的兄长；爱护年幼者是因为他们接近于自己的兄弟。"

曾子说："父母生下了自己的身体，不敢杀死；父母设立的，儿子不敢废除；父母保护的，儿子不敢毁坏。所以，在渡水时乘船而不游涉，走大路而不抄小路。如果能保全身体，守卫宗庙，那么就可以算是个孝子了。"

养身之道有五种方法：修建房屋，安稳卧具，节制饮食，这是养护身体的方法；设置各种颜色，摆放各种图案，区分五颜六色，这是养护眼睛的方法；规定六律，调和五声，协调八音，这是养护耳朵的方法；烹饪五谷，煮熟六畜，调配味道，这是养护口的方法；和颜悦色，言语流畅，举止恭敬，这是养护心志的方法。这五种方法，随机更换并且尽力实施，就可以说是善于养护身体了。

乐正子春下堂时伤了脚，痊愈之后好几个月还是没有出门，同时脸上呈现忧愁面容。有学生问他："先生您伤了脚，但痊愈之后都很长时间了还是没有出门，反而面带忧愁，请问这是什么原因呢？"乐正子春说："你这个问题问得好！我听曾子说过，曾子听孔子说，父母生下你时是完整无缺的，你必须完整地归还，不能有所残缺，不能毁伤某个地方，这样就算得上是孝敬父母了。作为君子什么时候都不能忘记这一点。我忘记了孝道，所以感到忧虑不安啊。"所以说，身体不是自己一个人所私有的，而是父母所给予的。

百姓的基本修养在于孝顺，实施孝道就要奉养父母。奉养父母是不难做到的，敬爱父母就是比较难了。即使能够做到敬爱父母，让父母感到安逸就是比较难的了。即使能够做到让父母安逸，始终如一地做到就是比较困难的了。父母过世后，要谨慎小心地使用父母所给予的身体，不能给父母留下坏的名声，这样就可以称得上是善始善终了。所谓的仁，就是体现在自觉地遵循它；所谓的礼，就是体现在积极履行它；所谓的义，就是体现在符合于它；所谓的信，就是体现在信奉它；所谓的强，就是体现在强化孝道。快乐产生于实行孝道，刑罚产生于违背孝道。

# 首　时

**原　文**

圣人之于事，似缓而急①，似迟而速，以待时。王季历困而死②，文王苦之，有不忘羑里之丑③，时未可也。武王事之④，夙夜不懈⑤，亦不忘玉门之辱⑥。立十二年⑦，而成甲子之事⑧。时固不易得。太公望⑨，东夷之士也⑩，欲定一世而无其主。闻文王贤，故钓于渭以观之。伍子胥欲见吴王而不得⑪，客有言之于王子光者⑫，见之而恶其貌，不听其说而辞之⑬。客请之王子光，王子光曰："其貌适吾所甚恶也⑭。"客以闻伍子胥⑮，伍子胥曰："此易故也⑯。愿令王子居于堂上，重帷而见其衣若手⑰，请因说之⑱。"王子许。伍子胥说之半，王子光举帷，搏其手而与之坐⑲；

说毕，王子光大说⑳。伍子胥以为有吴国者，必王子光也，退而耕于野。七年，王子光代吴王僚为王。任子胥，子胥乃修法制，下贤良㉑，选练士，习战斗。六年，然后大胜楚于柏举㉒。九战九胜，追北千里㉓。昭王出奔随㉔，遂有郢㉕。亲射王宫㉖，鞭荆平之坟三百㉗。乡之耕㉘，非忘其父之雠也㉙，待时也。墨者有田鸠㉚，欲见秦惠王㉛，留秦三年而弗得见。客有言之于楚王者，往见楚王。楚王说之，与将军之节以如秦㉜。至，因见惠王。告人曰："之秦之道㉝，乃之楚乎㉞？"固有近之而远、远之而近者㉟。时亦然。有汤武之贤，而无桀纣之时，不成㊱；有桀纣之时，而无汤武之贤，亦不成。圣人之见时，若步之与影不可离。

故有道之士未遇时，隐匿分窜㊲，勤以待时㊳。时至，有从布衣而为天子者㊴，有从千乘而得天下者㊵，有从卑贱而佐三王者㊶，有从匹夫而报万乘者㊷。故圣人之所贵，唯时也。水冻方固，后稷不种㊸，后稷之种必待春。故人虽智而不遇时，无功。方叶之茂美㊹，终日采之而不知㊺；秋霜既下，众林皆羸㊻。事之难易，不在小大，务在知时。郑子阳之难㊼，猘狗溃之㊽；齐高、国之难㊾，失牛溃之㊿。众因之以杀子阳、高、国(51)。当其时，狗牛犹可以为人唱(52)，而况乎以人为唱乎？

饥马盈厩(53)，嗼然(54)，未见刍也(55)；饥狗盈窖(56)，嗼然，未见骨也。见骨与刍，动不可禁。乱世之民，嗼然，未见贤者也；见贤人，则往不可止(57)。往者非其形心之谓乎？齐以东帝困于天下(58)，而鲁取徐州；邯郸以寿陵困于万民(59)，而卫取茧氏(60)。以鲁卫之细，而皆得志于大国，遇其时也。故贤主秀士之欲忧黔首者⑥，乱世当之矣。天不再与⑥，时不久留，能不两工⑥，事在当之⑥。

**注释**

①缓：迟，这里指无为。急：速，这里指成功。

②王季历：大王之子，文王之父。困而死：为国事辛劳而死。

③有：通"又"。羑里之丑：指文王被纣拘于羑里之事。羑里，古地名，故址在今河南省汤阴县北。丑，耻。

④之：指商纣。

⑤凤：早晨。

⑥不忘玉门之辱：指武王不忘文王被骂于玉门的耻辱。玉门，玉饰之门。

⑦立十二年：指武王继位十二年。

⑧甲子之事：武王伐纣，于甲子日在牧野大败殷军，纣自焚而死，商遂灭亡。"甲子之事"即指此而言。

⑨太公望：即吕望。

⑩东夷之士：太公望是东海上人，所以这里称他为"东夷之士"。东夷，我国古代对东方民族的称呼。

⑪伍子胥：名员，字子胥，春秋时楚国大夫伍奢次子。伍奢及其长子被楚平王杀害，伍子胥逃到吴国。吴王：指吴王僚，吴王夷昧之子（一说为庶兄），公元前 526 年—公元前 515 年在位，后被专诸刺死。

⑫王子光：即吴王阖闾，公元前 514 年—公元前 496 年在位。

⑬辞：谢绝。

⑭适：恰好，正好。恶：厌恶。

⑮闻：用如使动，使……闻。

⑯故：事。

⑰重帷而见其衣若手：意思是，自己在帷幕之中只露出衣服和手来，这样王子光就看不到自己的容貌了。重帷，两层帐幕。见，现，显露。其，指伍子胥。若，和。

⑱因：凭借。

⑲搏：执，握住。

⑳说：喜悦。这个意义后来写作"悦"。

㉑下贤良：指礼贤下士。

㉒柏举：楚国南部的边邑。

㉓北：败，此指败逃的军队。

㉔昭王：楚平王之子，公元前515年—公元前488年在位。随：国名。春秋时成为楚国的附庸，在今湖北省随县。

㉕郢：楚国国都，在今湖北省江陵县西北。

㉖亲射王宫：指伍子胥亲自射楚王宫。

㉗鞭：用如动词，鞭打。荆平：指楚平王。荆，楚国的别称。伍子胥射王宫与鞭荆平王之坟是为了报杀父、兄之仇。

㉘乡：通"向"，先前。

㉙雠：通"仇"。

㉚田鸠：即田俅，齐国人。

㉛秦惠王：秦孝公之子，名驷，公元前337年—公元前311年在位。

㉜与：给与。节：符节，古代使者用作凭证的东西。

㉝前一个"之"字是动词，往。

㉞乃：竟。

㉟近之而远：指留秦三年却不能见到惠王。远之而近：指先去楚国反而能见到惠王。

㊱不成：指不能成就王业。

㊲分窜：藏伏到各处。分，别。窜，藏伏。

㊳勤：劳。

㊴有从布衣而为天子者：指舜从百姓而成为天子。

㊵有从千乘而得天下者：指商汤、武王从诸侯而占有天下。千乘，指诸侯。

㊶有从卑贱而佐三王者：指太公望、伊尹、傅说从低贱的地位而成为三王的辅佐。傅说，商王武丁的大臣，原为从事版筑的奴隶，后被武丁任为相，治理国政。

㊷有从匹夫而报万乘者：指豫让为智伯刺杀赵襄子之事。豫让，智伯的家臣。赵襄子灭智伯，豫让漆身吞炭，变音容，几次行刺赵襄子而未成，后请斩襄子之衣而自杀。万乘，赵襄子专晋国政，有兵车万乘。

㊸后稷：名弃，周的始祖。稷本是掌农业的官员，尧任命弃为稷。后，君。周人称弃为"后稷"。

㊹方：正当。

㊺终日采之而不知：大意是，不会发生树叶被采光的情况。

㊻嬴：疲，这里指树叶落尽。

㊼郑子阳：郑相，驷氏之后。《史记》称"驷子阳"。

㊽猘狗：疯狗。溃：乱。本书《适威》篇说："子阳好严。有过而折弓者，恐必死，遂应猘狗而杀子阳。"《淮南子·氾论》说："郑子阳刚毅而好罚，其于罚也，执而无赦。舍人有折弓者，畏罪而恐诛，则因猘狗之惊以杀子阳。"即指此事。

㊾高、国：指齐国的贵族高氏、国氏。

㊿失牛溃之：指借追失牛之乱而杀死高氏、国氏。

(51)因：借，乘机。

(52)唱：先导。

(53)厩：马棚。

(54)嗼然：安静的样子。

(55)刍：喂牲畜的草。

(56)窖：地窖，这里指狗洞。

(57)往：这里是归附的意思。

(58)齐以东帝困于天下：指公元前288年齐湣王称东帝，导致燕国联合秦、楚、韩、赵、魏五国伐齐，湣王出奔之事。

(59)邯郸以寿陵困于万民：指赵肃侯因修陵寝扰民而万民不附。邯郸，代指赵。寿陵，寝陵之名。

(60)茧氏：赵邑。

(61)秀士：德才优异之士。黔首：指百姓。

(62)再：二。与：给与。

(63)工：精巧。

(64)当：逢，遇到。

## 译文

圣人做事情，好像很迟缓，无所作为，而实际却很迅速，能够成功，这是为了等待时机。王季历为国事辛劳而死，周文王很痛苦，同时又不忘被纣拘于羑里的耻辱，他所以没有讨伐纣，是因为时机尚未成熟。武王臣事商纣，从早到晚都不敢懈怠，他也不忘文王被骂于玉门的耻辱。武王继位十二年，终于在甲子日大败殷军。时机本来就不易得到。太公望是东夷人，他想平定天下，可是找不到贤明的君主。他听说文王贤明，所以到渭水边钓鱼，以便观察文王的品德。伍子胥想见吴王僚，但没能见到。有个门客对王子光讲了伍子胥的情况，王子光见到伍子胥却讨厌他的相貌，不听他讲话就谢绝了他。门客问王子光为什么这样，王子光说："他的相貌正是我特别讨厌的。"门客把这话告诉了伍子胥，伍子胥说："这是容易的事情。希望让王子光坐在堂上，我在两层帷幕里只露出衣服和手来。请让我借此同他谈话。"王子光答应了。伍子胥谈话谈了一半，王子光就掀起帷幕，握住他的手，然后跟他一起坐下。伍子胥说完了，王子光非常高兴。伍子胥认为享有吴国的，必定是王子光，回去以后就在乡间耕作。过了七年，王子光取代吴王僚当了吴王。他任用伍子胥，伍子胥于是就整顿法度，举

用贤良，简选精兵，演习战斗。过了六年，然后才在柏举大败楚国，九战九胜，追赶楚国的败军追了千余里。楚昭王逃到随，吴军于是占领了郢都。伍子胥亲自箭射楚王宫，鞭打楚平王之墓三百下，以报杀父杀兄之仇。他先前耕作，并不是忘记了杀父之仇，而是在等待时机。墨家有个叫田鸠的，想见秦惠王，在秦国待了三年但没能见到。有个客人把这情况告诉了楚王，田鸠就去见楚王。楚王很喜欢他，给了他将军的符节让他到秦国去。他到了秦国，才见到了惠王。他告诉别人说："到秦国来见惠王的途径，竟然是要先到楚国去啊！"事情本来就有离得近反而被疏远、离得远反而能接近的。时机也是这样。有商汤、武王那样的贤德，而没有桀、纣无道那样的时机，就不能成就王业；有桀、纣无道那样的时机，而没有商汤、武王那样的贤德，也不能成就王业。圣人与时机的关系，就像步行时影与身不可分离一样。

　　所以，有道之士没有遇到时机的时候，就到处隐匿藏伏起来，甘受劳苦，等待时机。时机一到，有的从平民而成为天子，有的从诸侯而得到天下，有的从卑贱的地位进而辅佐三王，有的从普通百姓进而能向万乘之主报仇。所以圣人所看重的，只是时机。水冻得正坚固时，后稷不去耕种；后稷耕种，一定要等待春天到来。所以人即使有智慧，但如果遇不到时机，也不能建立功业。正当树叶长得繁茂的时候，整天采摘，也采不光；

等到秋霜降下以后，所有树林里，树叶都落下来了。事情的难易，不在于大小，关键在于掌握时机。郑国的子阳遇难，正发生在追逐疯狗的混乱时候；齐国的高氏、国氏遇难，正发生在追赶逃窜之牛的时候。众人乘着混乱杀死了子阳和高氏、国氏。遇上合适的时机，狗和牛尚且可以作为人们发难的先导，更何况以人为先导呢？

饥饿的马充满了马棚，默然无声，是因为它们没有见到草；饥饿的狗充满了狗窝，默然无声，是因为它们没有见到骨头。如果见到骨头和草，那么它们就会争抢，不能制止住。混乱世道的人民，默然无声，是因为他们没有见到贤人。如果见到贤人，那么他们就会去归附，不能制止住。他们去归附贤人，难道不是身心都归附吗？齐湣王因为僭称东帝而被天下诸侯弄得困窘不堪，因而被鲁国夺取了徐州；赵肃侯因修建寝陵扰民，人民都不亲附他，因而被卫国夺取了茧氏。凭着鲁国、卫国那样的小国，却都能从大国那里占到便宜，是因为遇到了恰当时机。所以贤明的君主和杰出的人士想为百姓忧虑的，遇到混乱的世道，正是合适的时机。上天不会给人两次机会，时机不会长期停留，人的才能不会在做事时两方面都同时达到精巧，事情的成功在于适逢其时。

# 义　赏

春气至则草木产，秋气至则草木落。产与落，或使之，非自然也。故使之者至，物无不为；使之者不至，物无可为。古之人审其所以使，故物莫不为用。赏罚之柄，此上之所以使也。其所以加者义，则忠信亲爱之道彰。久彰而愈长，民之安之若性，此之谓教成。教成，则虽有厚赏严威弗能禁。

故善教者，不以赏罚而教成，教成而赏罚弗能禁。用赏罚不当亦然。奸伪贼乱贪戾之道兴，久兴而不息，民之仇之若性。戎、夷、胡、貉、巴、越之民是以，虽有厚赏严罚弗能禁。郣人之以两版垣也，吴起变之而见恶。赏罚易而民安乐。氐羌之民，其虏也，不忧其系累[①]，而忧其死不焚也。皆成乎邪也，且成而贼民。故赏罚之所加，不可不慎。

昔晋文公将与楚人战于城濮，召咎犯而问曰："楚众我寡，奈何而可？"咎犯对曰："臣闻繁礼之君，不足于文；繁战之君，不足于诈。君亦诈之而已。"文公以咎犯言告雍季，雍季曰："竭泽而渔，岂不获得？而明年无鱼；焚薮[②]而田，岂不获得？而明年无兽。诈伪之道，虽今偷可，后将无复，非长术也。"文公用咎犯之言，而败楚人于城濮。反而为赏，雍季在上。左右谏曰："城濮之功，咎犯之谋也。君用其言而赏后其身，或者不可乎！"文公曰："雍季之言，百世之利也；咎犯之言，一时之务也。焉有以一时之务先百世之利者乎？"孔子闻之，曰："临难用诈，足以却敌；反而尊贤，足以报德。文公虽不终，始足以霸矣。"赏重则民移之，民移之则成焉。成乎诈，其成毁，其胜败。天下胜者众矣，而霸者乃五。文公处其一，知胜之所成也。胜而不知胜之所成，与无胜同。秦胜于戎，而败乎殽；楚胜于诸夏，而败乎柏举。武王得之矣，故一胜而王天下。众诈盈国，不可以为安，患非独外也。

赵襄子出围，赏有功者五人，高赦为首。张孟谈曰："晋阳之中，赦无大功，赏而为首，何也？"襄子曰："寡人之国危，社稷殆，身在忧约之中。与寡人交而不失君臣之礼者，惟赦，吾是以先之。"仲尼闻之，曰："襄子可谓善赏矣！赏一人，而天下之为人臣莫敢失礼。"为六军则不可易。北取代，东迫齐，令张孟谈逾城潜行，与魏桓、韩康期而击智伯，断其头以为觞，遂定三家，岂非用赏罚当邪？

①系累：拴系捆绑。
②薮：丛林。

**译文**

春天来了，小草树木就开始生长发芽；秋天到了，小草树木就会凋零。一定有某种东西在草木的后面起作用，才使得草木生长和凋零，因为草木不会自生自落的。因此，当这种支配的力量出现时，世间万物都会随之变化；当这种支配的力量消失时，世间万物就不会发生变化。古代的人们探究导致万物变化的根本，因而万物无不为他们所用。赏罚是君主用来统治臣下和民众的手段。如果所实施的赏罚符合道义，那么，忠诚笃信、相亲相爱的原则就会彰显。这样的原则长期得到彰显并且日渐增强，就会深入人心，民众就会像处于本性一样地信服遵守它们，这就叫做教化成功。这样的原则一旦深入人心，即使是利用优厚的奖赏和严厉的惩罚，都不能令人犯禁而不行忠信。

所以，擅长教化的人，是根据道义来施行奖赏和惩罚，这样教化就能得到成功。成功之后，即使是利用重赏严罚都不能让他们放弃忠信。实施赏罚措施如果不符合道 义也是如此。如果不符合道义，就会出现奸诈、虚伪、为害、作乱、贪婪、残暴等风气，这样的风气如果长久存在，民众就会自然而然心安理得地接受这些风气。戎、夷、胡、貉、巴、越的人就是这样的，即使实施重赏严罚也不能阻止他们放弃这样的风气转而从善。楚国的人用两版修建城墙，吴起改变了这种方法，结果引来楚人的怨恨，于是用赏罚来改变它，从而使人民安乐。氐、羌之地的野蛮人去掠夺中原国家被俘后，他们担心的是自己死后不被焚尸而不是自己的被执受刑，因为他们都已经接受这样的恶习了，并且在养成这样的恶习之后，就会伤害百姓。所以，实施赏罚措施，不能不谨慎。

从前晋文公将要和楚国军队在城濮作战，召来咎犯问他说："楚国兵多，我国兵少，怎样才能取胜呢？"咎犯回答说："我听说礼仪繁杂的君主，不会嫌弃礼仪的盛大；频繁用兵作战的君主，不会嫌弃诡诈之术。您只要设计对楚军的诈术就行了。"文公把咎犯的话告诉雍季，雍季说："把池塘的水放干了再去捕鱼，哪能捕不到鱼呢？可是第二年就没有鱼可捕了；把丛林烧光了来打猎，哪能捕不到野兽呢？可是第二年就没有野兽可打了。诈骗的方法，可以侥幸一时奏效，可是以后就不会有结果了，这不是长久之计。"文公采纳了咎犯的意见，在城濮击败了楚军。回国以后论功颁赏，雍季居首位。文公身边的人劝谏说："城濮之战的胜利，是采用了咎犯的计谋的结果。您采纳了他的意见，可是奖赏的时候却把他放在后边，这或许不合适吧！"文公说："雍季的话，对百世有利；咎犯的话，只是顾及一时，哪有把一时的权宜之计放在对百世有利的前面的道理呢？"孔子听到这件事以后，说："遇到危难而采用骗术，足以打败敌人；回国以后尊崇贤人，足以酬报贤德。文公虽然不能始终坚持，却足以称霸诸侯了。"奖赏优厚，人民就会改变习性；习性得到改变；教化就能成功。靠诈术成功，即便成功了，最终也必定失败；即使胜利了，最终也必定毁灭。天下取得过一时胜利的诸侯很多，可是成就霸业的不过五人。文公是其中的一个，知道胜利取得的原因。取得了胜利却不知道胜利的原因，那就跟没有取得胜利一样。秦国战胜了戎却败给了晋国；楚国战胜了晋国却在柏举败给了吴国。周武王懂得这个道理，所以他能一举战胜纣而称霸天下。国家如果有太多的欺骗，就不会得到安宁，因为祸患不单单是来自国外。

赵襄子从晋阳的围困中解脱以后，奖赏五个有功劳的人，高赫为首。张孟谈说："被围困在晋阳之时，高赫没有大功，赏赐时他却为首，这是为什么呢？"襄子说："晋阳被困，国家社稷危在旦夕，我深陷忧虑困境之中。跟我交往而不失君臣之礼的，只有高赫，因此我把他放在最前边。"孔子听到这件事以后说："襄子可以说是善于赏赐了！赏赐了高赫，天下那些当臣

子的就没人敢失君臣之礼了。"赵襄子用这种办法治理军队，军队就不敢轻
慢无礼了。赵国向北灭掉代国，向东威逼齐国，让张孟谈越出城墙暗中去
和魏桓子、韩康约定日期袭击智伯，击败智伯的军队后，砍下智伯的头作
为酒器，终于奠定了三家分晋的局面，这难道不是因为赏罚得当吗？

# 长 攻

**原 文**

　　凡治乱存亡，安危强弱，必有其遇①，然后可成，各一则不设②。故
桀纣虽不肖，其亡，遇汤武也。遇汤武，天也，非桀纣之不肖也。汤武虽
贤，其王，遇桀纣也。遇桀纣，天也，非汤武之贤也。若桀纣不遇汤武，

未必亡也。桀纣不亡，虽不肖，辱未至于此。
若使汤武不遇桀纣，未必王也。汤武不王，
虽贤，显未至于此。故人主有大功，不闻不
肖；亡国之主，不闻贤。譬之若良农，辩土
地之宜③，谨耕耨之事④，未必收也。然而收
者，必此人也始，在于遇时雨。遇时雨，天
也，非良农所能为也。

　　越国大饥⑤，王恐⑥，召范蠡而谋⑦。范
蠡曰："王何患焉？今之饥，此越之福而吴之
祸也。夫吴国甚富，而财有馀，其王年少⑧，
智寡才轻⑨，好须臾之名⑨，不思后患。王若
重币卑辞以请籴于吴⑩，则食可得也。食得，

其卒越必有吴⑪。而王何患焉？"越王曰："善！"乃使人请食于吴。吴王将与之，伍子胥进谏曰："不可与也！夫吴之与越⑫，接土邻境，道易人通⑬，仇雠敌战之国也⑭，非吴丧越，越必丧吴。若燕秦齐晋，山处陆居，岂能逾五湖九江越十七厄以有吴哉⑮？故曰非吴丧越，越必丧吴。今将输之粟⑯，与之食，是长吾雠而养吾仇也⑰。财匮而民怨⑱，悔无及也。不若勿与而攻之，固其数也⑲。此昔吾先王之所以霸⑳。且夫饥，代事也㉑，犹渊之与阪㉒，谁国无有？"吴王曰："不然。吾闻之，义兵不攻服㉓，仁者食饥饿㉔。今服而攻之，非义兵也；饥而不食，非仁体也㉕。不仁不义，虽得十越，吾不为也。"遂与之食。不出三年，而吴亦饥。使人请食于越，越王弗与，乃攻之，夫差为禽㉖。

楚王欲取息与蔡㉗，乃先佯善蔡侯㉘，而与之谋曰："吾欲得息，奈何？"蔡侯曰："息夫人，吾妻之姨也㉙。吾请为飨息侯与其妻者㉚，而与王俱，因而袭之。"楚王曰："诺。"于是与蔡侯以飨礼入于息㉛，因与俱，遂取息。旋舍于蔡㉜，又取蔡。

赵简子病㉝，召太子而告之曰㉞："我死已葬，服衰而上夏屋之山以望㉟。"太子敬诺。简子死，已葬，服衰，召大臣而告之曰："愿登夏屋以望。"大臣皆谏曰："登夏屋以望，是游也。服衰以游，不可。"襄子曰："此先君之命也，寡人弗敢废。"群臣敬诺。襄子上于夏屋，以望代俗㊱，其乐甚美。于是襄子曰："先君必以此教之也。"及归，虑所以取代，乃先善之。代君好色，请以其姊妻之㊲，代君许诺。姊已往，所以善代者乃万故㊳。马郡宜马㊴，代君以善马奉襄子。襄子谒于代君而请觞之㊵。马郡尽㊶。先令舞者置兵其羽中㊷，数百人。先具大金斗㊸。代君至，酒酣㊹，反斗而击之，一成㊺，脑涂地。舞者操兵以斗，尽杀其从者。因以代君之车迎其妻，其妻遥闻之状，磨笄以自刺㊻。故赵氏至今有刺笄之证，与反斗之号㊼。

此三君者㊽，其有所自而得之㊾，不备遵理㊿，然而后世称之，有功故也。有功于此而无其失，虽王可也。

**注 释**

①遇：逢，遇合。

②各一则不设：意思是，如果彼此相同，就不能实现这些（即治乱存亡安危强弱）了。一，一律，相同。设，施行。

③辨：通"辨"。辨别。

④耨：锄草。

⑤饥：饥荒，年成不好。

⑥王：指越王勾践。

⑦范蠡：越大夫，帮助越王勾践奋发图强，灭掉吴国。

⑧王：指吴王夫差。

⑨须臾：片刻，短时。

⑩币：礼物。籴：买进粮食，这里指借粮。

⑪卒：最终。

⑫夫：句首语气词，无实义，表示要发议论。

⑬易：平坦。

⑭仇雠：仇人。

⑮厄：险要之地。

⑯输之粟：送给它（越国）粮食。输，送。

⑰雠：匹敌，对手。

⑱匮：乏，缺乏。

⑲数：理数。

⑳先王：指吴王阖闾。

㉑代事：更替出现的事。代，更替，交替。

㉒阪：山坡。

㉓服：用作名词，指已归顺的国家。

㉔食：给……吃。

㉕体：指事物的本体、主体。

㉖禽：通"擒"，擒获。

㉗楚王：指楚文王。息：国名，为楚所灭，在今河南省新息县一带。蔡：国名，周武王弟叔度及其子胡受封之地，在今河南省上蔡、新蔡县一带。

㉘佯：假装。

㉙妻之姨：妻妹。

㉚飨：用酒食款待人。

㉛以飨礼入于息：带着宴飨的食品进入息国。

㉜旋：返、还。舍：军队临时驻扎。

㉝赵简子：即赵鞅，赵襄子之父，晋卿。病：病重。

㉞太子：指赵襄子。

㉟服衰：穿上丧服。衰，古代丧服，用粗麻布制作，披于胸前。这个意义同"缞"。夏屋之山：即夏屋山，在今山西省代县一带。

㊱俗：指风土人情。

㊲妻之：嫁给他为妻。妻，用如动词。

㊳善：好，这里是讨好的意思。故：事。

㊴马郡：代地产马，所以称之为"马郡"。宜马：适宜养马。

㊵谒：告诉。觞：飨，用酒食款待人。

㊶马郡尽：与上下文不能相连，当在上文"代君以善马奉襄子"之下（依毕沅说）。

㊷羽：舞者所持舞具。

㊸斗：古酒器。

㊹酒酣：喝酒喝得正畅快。

㊺一成：一下。

㊻笄：簪子。

89

㊼号：称号，名称。

㊽三君：指上文提到的越王勾践、楚文王、赵襄子。

㊾有所自：指有所使用的方法。

㊿备：完全。遵：遵循。

### 译 文

凡治和乱、存和亡、安和危、强和弱，一定要彼此相遇，然后才能成功；如果彼此相同，就不可能成功。所以，桀、纣虽然不贤，但他们之所以被灭亡，是因为遇上了商汤、武王。遇上商汤、武王，这是天意，不是因为桀、纣不贤。商汤、武王虽然贤德，但他们之所以能成就王业，是因为遇上了桀、纣。遇上桀、纣，这是天意，不是因为商汤、武王贤德。如果桀、纣不遇上商汤、武王，未必会灭亡。桀、纣如果不灭亡，他们即使不贤，耻辱也不至于到亡国的地步。假使商汤、武王不遇上桀、纣，未必会成就王业。商汤、武王如果不成就王业，他们即使贤德，荣耀也不至于到称王天下的地步。所以，君主有大功，就听不到他有什么不好；亡国的君主，就听不到他有什么好。这就好比优秀的农民，他们善于区分土地适宜种植什么，勤勤恳恳地耕种锄草，但未必能有收获。然而有收获的，一定首先是这些人。收获的关键在于遇上及时雨。遇上及时雨，这是靠了上天，不是优秀农民所能做到的。

越国遇上大灾年，越王很害怕，召范蠡来商量。范蠡说："您对此何必忧虑呢？如今的荒年，这是越国的福气，却是吴国的灾祸。吴国很富足，钱财有余。它的君主年少，缺少智谋和才能，喜欢一时的虚名，不思虑后患。您如果用贵重的礼物、卑谦的言辞去向吴国请求借粮，那么粮食就可以得到了。得到粮食，最终越国必定会占有吴国。您对此何必忧虑呢？"越王说："好！"于是就派人向吴国请求借粮。吴王将要给越国粮食，伍子胥劝阻说："不可给越国粮食。吴国与越国，土地相接，边境相邻，道路平坦通畅，人民往来频繁，是势均力敌的仇国，不是吴国灭掉越国，就必定是越国灭掉吴国。像燕国、秦国、齐国、晋国，它们处于高山陆地，怎能跨越五湖九江穿过十七处险阻来占有吴国呢？所以说，不是吴国灭掉越国，就必定是越国灭掉吴国。现在要送给它粮食，给它吃的，这是长我们对手的锐气、养活我们的仇人啊。国家钱财缺乏，人民怨恨，后悔就来不及了。不如不给它粮食而去攻打它，这本来是普通的道理。这就是从前我们的先王所以成就霸业的原因啊。再说闹饥荒，这是交替出现的事，就如同深渊和山坡一样，哪个国家没有？"吴王说："不对。我听说过，正义的军队不攻打已经归服了的国家，仁德的人给饥饿的人粮食吃。现在越国归服了却去攻打它，这不是正义的军队；越国闹饥荒却不给它粮食吃，这不是仁德的事情。不仁不义，即使得到十个越国，我也不去做。"于是就给了越国粮食。没有过三年，吴国也遇到灾年，派人向越国请求借粮，越王不给，却来攻打吴国，吴王夫差被擒。

楚王想夺取息国和蔡国，于是就假装跟蔡侯友好，并且与他商量说："我想得到息国，该怎么办？"蔡侯说："息侯的夫人是我妻子的妹妹，请让我替您宴飨息侯和他的妻子，跟您一起去，乘机偷袭息国。"楚王说："好吧。"于是楚王与蔡侯带着宴飨用的食品进入息国，军队与他们同行，乘机夺取了息国。楚军回师驻扎在蔡国，又夺取了蔡国。

赵简子病重，召见太子，告诉他说："等我死了，安葬完毕，你穿着孝服登上夏屋山去观望。"太子恭恭敬敬地答应了。简子死了，安葬完毕以后，太子穿着孝服，召见大臣们并且告诉他们说："我想登上夏屋山去观望。"大臣们都劝阻说："登上夏屋山去观望，这就是出游啊。穿着孝服去出游，不可以。"襄子说："这是先君的命令，我不敢废除。"大臣们都恭恭敬敬地答应了。襄子登上夏屋山观看代国的风土人情，看到代国一派欢乐景象，于是襄子说："先君必定是用这种办法来教诲我啊！"等到回来以后，思考夺取代国的方法，于是就先友好地对待代国。代国君主爱好女色，襄子就请求把姐姐嫁给代国君主为妻，代国君主答应了。襄子的姐姐嫁给代国君主以后，襄子事事都讨好代国。代地适宜养马，代国君主把好马奉献给襄子，代地的马都送光了。襄子告诉代国君主，请求宴飨他，事先命令几百个跳舞的人把兵器藏在舞具之中，并准备好大的金斗。代国君主来了，喝酒喝到正畅快的时候，襄子把酒器翻过来击在代国君主头上，只一下，代君脑浆就流了一地。跳舞的人拿着兵器搏斗，把代君的随从全都杀死了。于是就用代君的车子去迎接他的妻子，他的妻子在远处听说代君死亡的情形，就磨尖簪子自刺而死。所以赵国至今有"刺笄山"和"反斗"的名号。

这三位君主，他们都有办法得到自己所需要的东西，并不完全按照常理行事，然而后世都称赞他们，这是因为他们有成就的缘故。如果有这种大功而又没有缺失，他们即使称王天下，也是可以的。

# 遇　合

**原　文**

凡遇，合也①。时不合，必待合而后行。故比翼之鸟死乎木②，比目之鱼死乎海③。孔子周流海内，再干世主④，如齐至卫⑤，所见八十馀君。委质为弟子者三千人⑥，达徒七十人⑦。七十人者，万乘之主得一人用可为师，不为无人。以此游，仅至于鲁司寇⑧。此天子之所以时绝也，诸侯之所以大乱也。乱则愚者之多幸也⑨，幸则必不胜其任矣。任久不胜，则幸反为祸。其幸大者，其祸亦大，非祸独及己也。故君子不处幸，不为苟，必审诸己然后任，任然后动。

凡能听说者，必达乎论议者也。世主之能识论议者寡，所遇恶得不苟⑩？凡能听音者，必达于五声。人之能知五声者寡，所善恶得不苟？客有以吹籁见越王者①，羽、角、宫、徵、商不繆②，越王不善③；为野音④，而反善之。

说之道亦有如此者也。人有为人妻者，人告其父母曰："嫁不必生也⑤，衣器之物，可外藏之⑥，以备不生。"其父母以为然，于是令其女常外藏。姑妞知之⑦，曰："为我妇而有外心，不可畜⑱。"因出之。妇之父母以谓为己谋者⑲，以为忠，终身善之，亦不知所以然矣。宗庙之灭，天下之失，亦由此矣⑳。

故曰：遇合也无常㉑，说适然也㉒。若人之于色也，无不知说美者，而美者未必遇也。故嫫母执乎黄帝，黄帝曰："厉女德而弗忘㉓，与女正而弗衰㉔，虽恶奚伤㉕？"若人之于滋味，无不说甘脆，而甘脆未必受也。文王嗜昌蒲菹㉖，孔子闻而服之㉗，缩颈而食之㉘。三年，然后胜之㉙。人有大臭者㉚，其亲戚兄弟妻妾知识，无能与居者。自苦而居海上㉛。海上人有说其臭者，昼夜随之而弗能去。

说亦有若此者。陈有恶人焉，曰敦洽雠麋，椎颡广颜㉜，色如漆赭㉝，垂眼临鼻㉞，长肘而盭㉟。陈侯见而甚说之，外使治其国，内使制其身。楚合诸侯，陈侯病，不能往，使敦洽雠麋往谢焉。楚王怪其名而先见之，客有进状有恶其名言有恶状㊱。楚王怒，合大夫而告之，曰："陈侯不知其不可使，是不知也㊲；知而使之，是侮也。侮且不智，不可不攻也。"兴师伐陈，三月然后丧。恶足以骇人，言足以丧国，而友之足于陈侯而无上也，至于亡而友不衰。

夫不宜遇而遇者，则必废。宜遇而不遇者，此国之所以乱、世之所以衰也。天下之民，其苦愁劳务从此生。

凡举人之本，太上以志，其次以事，其次以功。三者弗能，国必残亡，群孽大至，身必死殃，年得至七十、九十犹尚幸。圣贤之后⊗，反而孽民㊴，是以贼其身㊵，岂能独哉㊶？

## 注 释

①遇：指得到君主赏识。合：指合于时机。

②比翼之鸟：鸟名。《尔雅·释地》："南方有比翼鸟焉，不比不飞。"此与下文的"比目之鱼"都是比喻形影不离。比：并。乎：于。

③比目之鱼：鱼名。《尔雅·释地》："东方有比目鱼焉，不比不行。"

④再：表示重复，又一次。干：求取，这里指谋求官职。

⑤如：往，到……去。

⑥委质：指初次拜见尊长时献上礼物。质，古代初次拜见尊长时所送的礼物。这个意义后来多写作"贽"。

⑦达徒：指成绩卓著的学生。

⑧司寇：古代官职名，掌刑法。

⑨幸：侥幸。

⑩恶：何，怎么。

⑪籁：古代一种管乐器。

⑫缪：通"谬"。错乱。

⑬善：用如意动，认为善。

⑭野音：指鄙俗之音。

⑮生：指生子。古代妇人无子即可被休弃，所以下文劝其外藏衣物，以备不生。

⑯外藏：藏私财于外。

⑰姑妐：公婆。姑，夫之母。妐，夫之父。

⑱畜：容留。

⑲谓：告诉。

⑳由：通"犹"。如同。

㉑遇合：指得到君主的赏识。

㉒说：喜欢。这个意义同"悦"。适然：偶然。

㉓厉：磨砺。女：人称代词，你。

㉔正：通"政"。

㉕恶：貌丑。奚：何。

㉖昌蒲菹：腌制的菖蒲根。昌蒲，即菖蒲，这里指菖蒲根。菹，腌菜。

㉗而服：当为衍文(依孙人和说)。

㉘缩頞：皱眉。頞，鼻梁。

㉙胜之：指能够吃昌蒲菹。

㉚大臭：一种腋病，即狐臭。

㉛上：边。

㉜椎颡：尖顶。椎，椎击器具，这里是尖的意思。颡，额。广颜：宽额。颜，两眉之间。

㉝漆赭：黑红色。赭，红褐色。

㉞眼：眼珠子。

㉟"鳌"下当脱"股"字(依毕沅说)。鳌股：两腿歪向两旁。鳌，乖戾。股，大腿。

㊱此句义不可通，"有进"之"有"字，当为衍文；又句末"状"字上当脱一"其"字，原文当作"客进，状有恶其名，言有恶其状"(依谭戒甫说)。有，通"又"。

㊲知：明智。这个意义同"智"。

㊳圣贤之后：指陈国。陈国君为舜之苗裔，所以这样说。

㊴孽民：害民。孽，病，害。

㊵贼：残害。

㊶岂能独哉：哪只是独自受害呢？言外之意是还要害及其民。

凡是受到赏识，一定是因为有合适的时机。时机不合适，一定要等待合适的时机然后再行动。所以，比翼鸟死在树上，比目鱼死在海里。孔子周游天下，多次向当世君主谋求官职，到过齐国卫国，谒见过八十多个君主。献上见面礼给他当学生的有三千人，其中成绩卓著的学生有七十人。这七十个人，拥有万辆兵车的大国君主得到任何一个人都可以把他当成老师，这不能说没有人才。然而孔子带领这些人周游，做官仅仅做到鲁国的司寇。不任用圣人，这就是周天子之所以应时灭绝的原因，这就是诸侯之所以大乱的原因。混乱，那么愚昧的人就多被侥幸任用。侥幸任用，那就必定不能胜任了。长期不能胜任，那么侥幸反而成为祸害。越侥幸的，祸害也就越大，并不是祸害偏偏让自己赶上。所以君子不存侥幸心理，不做苟且之事，一定慎重考虑自己的能力然后再担当职务，担当职务然后再行动。

凡是能听从劝说的人，一定是通晓议论的人。世上的君主能识别议论的人很少，他们所赏识的人怎能不是苟且求荣的呢？凡是能欣赏音乐的人，一定通晓五音。人能懂五音的很少，他们所喜欢的怎能不是鄙俗之音？宾客中有个凭吹箫谒见越王的人，羽、角、宫、徵、商五音吹得一点儿不走调，越王却认为不好；吹奏鄙野之音，越王反而认为很好。

劝说人的事也有像这种情形的。有个给人家当妻子的人，有人告诉她的父母说："出嫁以后不一定能生孩子，衣服器具等物品，可以拿到外边藏起来，以防备不生孩子被休弃。"她的父母认为这人说得对，于是就让女儿经常把财物拿到外边藏起来。公婆知道了这事，说："当我们的媳妇却有外心，不可以留着她。"于是就休弃了她。这个女子的父母把女儿被休弃的事告诉了给自己出主意的人，认为这个人对自己忠诚，终身与他交好，最终也不知道女儿被休弃的原因。宗庙的毁灭，天下的丧失，也像这个一样。

所以说，受到君主赏识是不固定的，被人喜欢也是偶然的。就像人们对于女色一样，没有不知道喜欢长得漂亮的，可是长得漂亮的未必能遇上。所以嫫母受到黄帝的亲厚，黄帝说："修养你的品德，不要停止，付与你内官之政，不疏远你，虽然长得丑陋又有什么妨碍？"就像人们对于滋味一样，没有人不喜欢又甜又脆的东西，可是又甜又脆的东西有的人未必受用。周文王爱吃菖蒲做的腌菜，孔子听了，皱着眉才吃下去。过了三年，才吃习惯。有个有狐臭的人，他的父母、兄弟、妻子、朋友，没有人能跟他在一起居住。他自己感到很痛苦，就住在海边。海边有喜欢他的臭味的人，日夜跟随着他不能离开。

喜欢人也有像这种情形的。陈国有个丑陋的人，叫敦洽雠糜，尖顶宽额，面色黑红，眼珠下垂，接近鼻子，胳膊很长，大腿向两侧弯曲。陈侯看到了，很喜欢他，在官外让他治理国家，在官内让他管理自己的饮食起居。楚国盟会诸侯，陈侯有病，不能前往，派敦洽雠糜去向楚国道歉。楚王对他的名字感到奇怪，就先接见了他。他进去了，相貌又丑陋，说话又粗野。楚王很生气，召来大夫们，告诉他们说："陈侯不知道这个人不可以派遣，这就是不明智；知道这个人不可以派遣却还要派遣他，这就是轻慢。轻慢而且不明智，不可不攻打他。"于是发兵攻打陈国，过了三个月之后灭掉了陈国。丑陋足以惊吓别人，言论足以丧失国家，可是陈侯却对他喜爱到极点，没有人能超过他了，直到亡国，喜爱的程度都不减弱。

不应该受赏识却受到赏识的，那就一定会被废弃。应该受赏识却没有受到赏识的，这就是国家之所以混乱、世道之所以衰微的原因。天下的百姓，他们的愁苦劳碌就由此产生出来了。

大凡举荐人的根本，最上等的是凭道德，其次是凭事业，其次是凭功绩。这三种人不能举荐上来，国家一定会残破灭亡，各种灾祸就会一齐到来，自身一定会遭殃，能活到七十岁九十岁，就是侥幸的了。圣贤的后代，反而给人民带来危害，因此残害到自身，岂只是独自受危害呢？连人民也要跟着受害啊！

# 必 己

**原 文**

外物不可必<sup>①</sup>，故龙逢诛，比干戮，箕子狂，恶来死，桀、纣亡。人主莫不欲其臣之忠，而忠未必信。故伍员流乎江，苌弘死，藏其血三年而为碧。亲莫不欲其子之孝，而孝未必爱。故孝己疑，曾子悲。

庄子行于山中，见木甚美，长大，枝叶盛茂，伐木者止其旁而弗取。问其故，曰："无所可用。"庄子曰："此以不材得终其天年矣。"出于山，及邑，舍故人之家。故人喜，具酒肉，令竖子为杀雁飨之。竖子请曰："其一雁能鸣，一雁不能鸣，请奚杀？"主人之公曰："杀其不能鸣者。"明日，弟子问于庄子曰："昔者山中之木以不材得终天年，主人之雁以不材死，先生将何以处？"庄子笑曰："周将处于材、不材之间。材、不材之间，似之而非也，故未免乎累。若夫道德则不然。无讶无訾，一龙一蛇，与时俱化，而无肯专为：一上一下，以禾为量，而浮游乎万物之祖，物物而不物于物，则胡可得而累？此神农、黄帝之所法。若夫万物之情，人伦之传则不然：成则毁，大则衰，廉则剉，尊则亏，直则骪，合则离，爱则隳，多智则谋，不肖则欺，胡可得而必？"

牛缺居<sup>②</sup>上地大儒也，下之邯郸，遇盗于耦沙之中。盗求其橐中之载则与之，求其车马则与之，求其衣被则与之。牛缺出而去，盗相谓曰："此天下之显人也，今辱之如此，此必诉我于万乘之主。万乘之主必以国诛我，我必不生，不若相与追而杀之，以灭其迹。"于是相与趋之，行三十里，及而杀之。此以知故也。孟贲过于河，先其五，船人怒，而以楫虎其头，顾不知其孟贲也。中河，孟贲瞋目而视船人，发植，目裂，鬓指，舟中之人尽扬播入于河。使船人知其孟贲，弗敢直视，涉无先者，又况于辱之乎？此以不知故也。知与不知，皆不足恃，其惟和调近之。犹未可必，盖有不辨和调者，则和调有不免也。宋桓司马有宝珠，抵罪出亡。王使人问珠之所在，曰："投之池中。"于是竭池而求之，无得，鱼死焉。此言祸福之相及也。纣为不善于商，而祸充天地，和调何益？

张毅好恭，门闾帷薄聚居众无不趋，舆隶姻媾小童无不敬，以定其身。不终其寿，内热而死。单豹好术，离俗弃尘，不食谷实，不衣芮温，身处山林岩窟，以全其生，不尽其年，而虎食之。孔子行道而息，马逸，食人之稼，野人取其马。子贡请往说之，毕辞，野人不听。有鄙人始事孔子者，曰："请往说之。"因谓野人曰："子不耕于东海，吾不耕于西海也。吾马何得不食子之禾？"其野人大说，相谓曰："说亦皆如此其辩也！独如向之人？"解马而与之。说如此其无方也而犹行，外物岂可必哉？

君子之自行也，敬人而不必见敬，爱人而不必见爱。敬爱人者，己也；见敬爱者，人也。君子必在己者，不必在人者也。必在己无不遇矣。

**注 释**

①必：依仗。

②居：住。

**译 文**

外物是不可靠的，因此，龙逢被诛，比干受戮而死，箕子装疯，恶来被处死，桀、纣被灭亡。君主都希望自己的臣下忠诚于自己，但是臣下不一定受到君主的信任。所以，伍员被抛尸长江，苌弘遇害之后他的血藏了三年化为了碧玉。父母都希望自己的儿子能够孝敬自己，可是孝子不一定得到父母的喜爱。所以，孝子受到了父母的怀疑，曾参因为受到亲人的怀疑而感到悲伤。

庄子在山中行走，看见一棵树长得很美很高大，枝叶很茂盛，伐木者停在那棵树旁却不伐取它。庄子问他们这是什么缘故，伐木者回答说："这棵树没有什么用处。"庄子说:"这棵树因为不成材,结果得以终其天年了。"庄子出了山,来到县邑,住在老朋友的家里。老朋友很高兴,准备酒肉,叫童仆杀一只鹅款待他。童仆请示道:"一只鹅会叫,一只鹅不会叫,请问杀哪只?"主人的父亲说:"杀那只不会叫的。"第二天,弟子向庄子问道:"昨天山里的树因为不成材而得以终其天年,现在这位主人的鹅却因为不成材而被杀死,先生您将在成材与不成材这两者间处于哪一边呢?"庄子笑着说道:"我将处于成材与不成材之间。成材与不成材之间,似乎是合适的位置,其实不然,所以还是免不了遭到祸害。如果遵循道德行事,就不是这样了:既没有美誉,也没有毁辱,时而为龙,时而为蛇,随时势而变化,而不肯专为一物;时而上,时而下,以顺应自然为准则,在万物的原始状态中漫游,主宰万物而不被万物所役使,那么怎么会遭到灾祸呢?这就是神农、黄帝所取法的处世原

则。至于万物之情,人伦相传之道,就不是这样了。成功了就会毁坏,强大了就会衰微,锋利了就会缺损,尊贵了就会受到倾覆,直了就会弯曲,聚合了就会分散,受到爱惜就会被废弃,智谋多了就会受人算计,不贤德就会受人欺辱,怎么可以偏执一方而加以依仗呢?"

居住在上地的牛缺是位大儒,有一次去邯郸,在途经耦沙时遇到了强盗。强盗就索要他口袋中的钱财,牛缺就给了强盗;强盗索要他的牛马,牛缺也给了;索要他的衣服,也给了。当牛缺步行离开之后,这些强盗们就商量说:"他是个大人物,现在咱们抢了他的东西,还这么侮辱他,他肯定会向君主说这件事,这样君主就会派全国的兵力来讨伐我们,那时大家必死无疑。所以我们不如追上他把他给杀掉,以消灭他的行迹。"于是,这些强盗一同追了三十里,追上牛缺把他杀死了。这就是因为

他们知道牛缺是贤能之士的缘故。孟贲有一次要过黄河，没有按照顺序登船，船夫就很生气，用舟楫敲打他的脑袋，只是因为船夫不知道这个人就是孟贲。船流经河中流时，孟贲瞪大眼睛，怒视船夫，头发竖立，眼眶裂开，鬓须都直立了。船上的人都纷纷躲避他，结果很多都掉进河里。如果船上的人都知道他是孟贲，就没有人敢正视他，没有人敢在他前面登船，更别说是侮辱他了。这就是因为不知道对方的原因。知道和不知道，都不能凭靠。也许只有持中调和的办法才接近于可靠，但这样还是不能完全的可靠。如果遇到不能识别持中调和的，就是采用持中调和的办法也不足以免去祸患。宋国的桓司马有一颗珠宝，有一次他犯法出逃了，宋国国君就派人追问他珠宝藏在哪里，他说："扔进水里了。"国君就让人弄干池子里的水寻找珠宝，结果没有找到，池子里的鱼都干死了。这说明祸福是相互依存的。纣在商干尽坏事，灾祸充斥天地之间，即使调和又有什么用呢？

张毅喜欢恭敬待人，凡是经过门口巷道、帷幕垂帘和人们聚集的地方，都会快步地走过；对待奴隶、姻亲和童仆也是很尊敬，以此来使自己平安。但最后他还是患内热而死，没有长寿。单豹喜欢道术，超脱世俗，不食五谷，不着丝絮，居住在山林岩洞之中，以便保全自己的生命。但最后被老虎吃掉了，没有能够终其天年。孔子赶路，休息时，马跑了，吃了人家的庄稼。农夫扣留了他的马，子贡自愿请求去劝说那农夫归还马。结果子贡把好话都说尽了，可是农人还是不答应还马。有个刚入孔子门下的乡下学生说："让我去劝说他。"他对农夫说："您耕种的土地从东海一直到西海，我们的马怎么能不吃您的庄稼呢？"农夫听了非常高兴，对他说："你说的话竟这样的善辩，哪像刚才那个人那样呢？"于是解下马交给了他。劝说农夫的话如此没有道理但是却能行得通，外物怎么可以依靠呢？

君子的作法是：尊敬别人而不一定被别人尊敬，爱戴别人并不一定被别人爱戴。尊敬爱戴别人，在于自己；被别人尊敬爱戴，在于别人。君子凭借属于自己的东西，而不依靠属于别人的东西。依靠属于自己的东西，就会无所不通。

# 开春论

# 开　春

开春始雷①，则蛰虫动矣②。时雨降，则草木育矣③。饮食居处适，则九窍百节千脉皆通利矣④。王者厚其德，积众善，而凤皇圣人皆来至矣。共伯和修其行⑤，好贤仁，而海内皆以来为稽矣⑥。周厉之难⑦，天子旷绝⑧，而天下皆来谓矣⑨。以此言物之相应也，故曰行也成也⑩。善说者亦然。言尽理而得失利害定矣，岂为一人言哉！

魏惠王死，葬有日矣⑪。天大雨雪，至于牛目。群臣多谏于太子者，曰：“雪甚如此而行葬，民必甚疾之⑫，官费又恐不给⑬，请弛期更日⑭。”太子曰：“为人子者，以民劳与官费用之故，而不行先王之葬，不义也。子勿复言。”群臣皆莫敢谏，而以告犀首⑮。犀首曰：“吾未有以言之。是其唯惠公乎⑯！请告惠公。”惠公曰：“诺。”驾而见太子曰：“葬有日矣？”太子曰：“然。”惠公曰：“昔王季历葬于涡山之尾⑰，滦水啮其墓⑱，见棺之前和⑲。文王曰：‘嘻！先君必欲一见群臣百姓也夫！故使滦水见之。’于是出而为之张朝⑳，百姓皆见之，三日而后更葬。此文王之义也。今葬有日矣，而雪甚，及牛目，难以行。太子为及日之故，得无嫌于欲亟葬乎㉑？愿太子易日。先王必欲少留而抚社稷安黔首也㉒，故使雨雪甚。因弛期而更为日，此文王之义也。若此而不为，意者羞法文王也㉓？"太子曰："甚善。敬弛期，更择葬日。"惠子不徒行说也，又令魏太子未葬其先君而因有说文王之义㉔。说文王义以示天下，岂小功也哉！

韩氏城新城㉕，期十五日而成㉖。段乔为司空㉗，有一县后二日，段乔执其吏而囚之㉘。囚者之子走告封人子高曰㉙："唯先生能活臣父之死，愿委之先生㉚。"封人子高曰："诺。"乃见段乔。自扶而上城㉛。封人子高左右望曰："美哉城乎！一大功矣，子必有厚赏矣！自古及今，功若此其大也，而能无有罪戮者，未尝有也。"封人子高出，段乔使人夜解其吏之束缚也而出之。故曰封人子高为之言也，而匿己之为而为也；段乔听而行之也，匿己之行而行也。说之行若此其精也，封人子高可谓善说矣。

叔向之弟羊舌虎善栾盈㉜。栾盈有罪于晋，晋诛羊舌虎，叔向为之奴而腠㉝。祈奚曰："吾闻小人得位，不争不祥㉞；君子在忧，不救不祥。"乃往见范宣子而说也㉟，曰："闻善为国者，赏不过而刑不慢㊱。赏过则惧及淫人㊲，刑慢则惧及君子。与其不幸而过㊳，宁过而赏淫人，毋过而刑君子。故尧之刑也殛鲧㊴，于虞而用禹㊵；周之刑也戮管、蔡，而相周公：不慢刑也。"宣子乃命吏出叔向。救人之患者，行危苦，不避烦辱，犹不能免；今祈奚论先王之德，而叔向得免焉。学岂可以已哉！类多若此㊶。

### 注 释

①开春：当指夏历二月。《仲春》："日夜分，雷乃发生，始电，蛰虫咸动苏。"

②动：指苏醒。

③育：生。

④九窍：九孔，指耳、目、鼻、口及大小便处。

⑤共伯和：西周诸侯。共，国名。伯，爵位名。和，人名。公元前841年—公元前828年，共伯和代周天子行政，史称"共和时期"。

⑥稽：停留，这里有归附的意思。"以""为"二字疑为衍文。

⑦周厉之难：指周厉王末年的国内动乱。周厉，指周厉王，西周第十代国君，名胡，由于暴虐无道，被国人驱逐，逃亡在外十四年而死。

⑧旷：废缺。

⑨谓：元本、李本、张本、汪本、朱本等高诱注文作"请"，"请"字是。请，请谒，指把共伯和作为天子来朝见。

⑩成：成就，这里有结果的意思。

⑪有日：不久就会到来，临近。

⑫疾之：对此感到困苦。疾，病，困苦。

⑬给：充足。

⑭弛：延缓。

⑮犀首：即公孙衍，战国时魏人，纵横家，曾在魏、秦等国为相。

⑯惠公：指惠施。"公"是对人的尊称。

⑰王季历：周文王之父，名季历，武王灭商后追尊为"王季"。涡山：山名。《战国策·魏策》作"楚山"，姚宏注引皇甫谧说，认为即陕西户县的南山。尾：指山脚。

⑱滦水：渗于地下而形成的水流。啮：咬，这里指浸渍。

⑲见：显现，露出。和：棺材两头的木板。

⑳出：使动用法，指把季历的棺材挖出来。张朝：设置帷幕，让群臣百姓朝见。张，设置帷幕。

㉑得无：莫不是，恐怕。亟：急。

㉒少：稍。黔首：百姓。

㉓意者：表示推测和估计，想来。

㉔有：通"又"。说：喜欢。

㉕城新城：修筑新城的城墙。第一个"城"字用如动词，修筑城墙。新城，地名，即阳翟，故址在今河南禹县。高诱注："韩氏本都弘农宜阳，

其后都颍川阳翟。"因为阳翟是韩国的新都,所以称"新城"。

㉖期:约定,规定。

㉗段乔:战国时韩国大臣。司空:官名,掌土木工程等。

㉘执:逮捕。吏:指县的官长。

㉙封人:管理疆界的官。子高:当时的贤者。

㉚委:托付。

㉛扶:攀缘。

㉜叔向:春秋晋大夫,姓羊舌,名肸,字叔向,以贤能著称。羊舌虎:叔向异母弟,晋大夫。栾盈:晋大夫。

㉝为:介词。奴:用如动词。腏:系缚。按:当时法律规定,父兄犯罪,子弟要连坐。此事可参见《左传·襄公二十一年》。

㉞争:谏诤。

㉟范宣子:即范匄,又名士匄,晋平公时为正卿,主持晋国军政,谥宣子。

㊱慢:懈怠,轻忽。

㊲淫:邪僻。

㊳与其:如其,如果。不幸:指由于偶然的因素无法避免灾祸或过错。

㊴殛:杀。鲧:人名,大禹之父,为人刚愎凶顽,为尧时"四凶"之一,受命治水,九年不成,被诛于羽山。

㊵虞:指舜。舜为有虞氏,所以称虞舜,又简称为虞。

㊶类:事类。

**译　文**

仲春之月刚刚响起了雷声，蛰伏的动物开始苏醒了，应时的雨水也要降临了，草木就生长了。饮食居处适当，那么九窍、筋骨、经脉就可以畅通无病了。治理天下的人增加自己的美德，积聚众多的善行，凤凰和圣人就会到来了。共伯和修养他的品行，喜好贤能仁德的人，海内的人就会归附而来。周厉王那个时候的混乱导致了天子位置的废缺，天下的人都朝见共伯和，这都表明了天下的事物是相互应和的，因此说任何行为举动都会有相应的结果。善说的人也是这样，把道理说得明白了，事物的得失利害也就确定了，他们的言论不会为了某个人的爱憎而随便发表的。

魏惠王过世了，葬期就来到了。正好赶上了天降大雪，雪的深度几乎盖住了牛的眼睛。臣子中有很多劝谏太子道："雪下得这么大，还要举行葬礼，百姓肯定会感到困惑的，国库的费用也会不够的，请您考虑可否暂缓日期，改日再葬。"太子道："作为子女的，假如是因为百姓困惑、国库费用不能支出而暂缓葬期，这是很不义的事情。大家不要再说什么了。"所有的臣子都不敢再进谏了，就把这件事告诉了犀首。犀首道："我也没有劝他的办法啊！能够做到这件事的也许只有惠公了。我去拜访惠公吧！"惠公道："可以。"就驾车来到了太子那里，道："葬礼日期定了吧！"太子回答："是这样。"惠公道："从前王季厉葬在了涡山脚下，渗漏下来的水浸泡了他的坟墓，露出了棺木的前面，文王道：'先生一定是想见见臣子和百姓了，因此，让漏水使得棺木全部露出来吧。'然后就把棺木挖了出来，为他设置幕帐，举行了朝会，百姓都来见他，三天以后才举行了葬礼。这就是文王的义啊！如今葬期快到了，但是雪下得如此大，牛的眼睛都快被覆盖了，不能出行，太子一定坚持赶上既定的葬期，不免有些太急于安葬的嫌疑了，可否考虑改期再葬呢？先君一定是想做些停留来安抚国家和臣子，因此雪才下得如此大。依据这个来延迟日期改日再葬这是文王的义，这样的情况怎么能不改日再葬呢？是不是想着把效仿文王当做耻辱的呢？"太子道："您说的很好。我就采纳您的意见，延迟葬期，另选安葬的日子。"惠子不仅使得自己的主张得到了实现，又使得魏国的太子从不葬先君进而欣赏文王之义。欣赏文王的道义并且付诸行动召示天下，哪里是小的功劳啊！

韩国修筑新的城墙，约定了十五天完成。段乔作司空，有个县延误了两日，段乔逮捕了县令，并且把他囚禁起来。被囚禁人的儿子跑来告诉了封人子高道："现在只有您能够把我的父亲从死罪中解救出来，就拜托您了。"封人子高道："好的。"于是他就过去拜访段乔二人攀登上长城。封人子高左右看了又看了道："好美的城墙啊！这真是一大功劳啊！您肯定会得到丰厚的赏赐的！从古到今，功劳这么大而且又没有惩罚和屠杀的人，很少见啊！"封人子高离开后，段乔就派人夜里解开那个人的绳索放他走了。因此，封人子高为他陈述，隐藏了自己的心事而去陈说，段乔不仅接受了而且还执行了他的意思，隐藏了自己的行为而去做。如果说服人的方法都像这样精妙，封人子高可谓是善于说服别人的人了。

叔向的弟弟羊舌虎和栾盈友好。栾盈对晋国有罪，晋国就杀死了羊舌虎，叔向也因为这个被抓去作了官府的奴隶，戴上了刑具。祈奚道："我听说小人得到官位时，不劝谏是不善的；君子处于忧患的时候，不援救也是不善的。"然后就去拜访范宣子，劝谏道："一般来说，会治理国家的人奖赏和惩罚从来都会做得适可而止。奖赏过度了就会赏赐给奸邪的人；刑罚执行得过度了，就会祸及君子。假如不得已做得过分了，宁可赏赐过度了，也不要刑罚过度而祸及到君子。因此，尧的刑罚杀死了鲧，到了舜的时候却让鲧的儿子禹继承了帝位；周的刑罚杀死了管叔、蔡叔，但是任用了他们的兄弟周公，这是不急慢刑罚。"范宣子接着就命令官吏把叔向放了。救人于危难的人，冒着生命和困苦行事，不逃避麻烦和屈辱，但有的时候仍然不能够使人免于祸患；而今祈奚论述先君的德政，使得叔向免于灾祸。这么说来，学习是不会是静止的，很多情况都和这个相似。

# 察 贤

**原文**

今有良医于此，治十人而起九人①，所以求之万也②。故贤者之致功名也③，比乎良医，而君人者不知疾求，岂不过哉！今夫塞者④，勇力时日卜筮祷祠无事焉，善者必胜。立功名亦然，要在得贤⑤。魏文侯师卜子夏，友田子方，礼段干木，国治身逸。天下之贤主，岂必苦形愁虑哉⑥！执其要而已矣。雪霜雨露时⑦，则万物育矣，人民修矣⑧，疾病妖厉去矣⑨。故曰尧之容若委衣裘⑩，以言少事也。

宓子贱治单父⑪，弹鸣琴，身不下堂，而单父治。巫马期以星出⑫，以星入，日夜不居⑬，以身亲之，而单父亦治。巫马期问其故于宓子。宓子曰："我之谓任人，子之谓任力；任力者故劳⑭，任人者故逸。"宓子则君子矣。逸四肢，全耳目，平心气，而百官以治⑮，义矣⑯，任其数而已矣⑰。巫马期则不然，弊生事精⑱，劳手足，烦教诏，虽治犹未至也。

**注释**

①起：使动用法，使……起，治愈。

②所以求之万也：这是找他治病的人成千上万的原因。求，找。万，泛指，极言人多。

③致：使……到来。

④塞：古代一种棋类游戏，又名"格五"。也作"簺"。

⑤要：要领，关键。

⑥愁：通"挚"，聚（依王引之说）。

⑦时：及时，按时。

⑧修：善，好。

⑨妖：怪异。厉：灾害，祸害。

⑩委衣裳：义同"垂衣裳"，喻无为而治。委，下垂。

⑪宓子贱：春秋末期鲁国人，名不齐，字子贱，孔子弟子。宓，他书或作"虙"。单父：春秋时鲁邑，在今山东省单县南。

⑫巫马期：姓巫马，名施，字子期，孔子弟子。他书或作"巫马旗"。

⑬居：止息，休息。

⑭故：本来，当然。

⑮百官：各个办事机关。以：介词。治：治理得好。

⑯义：宜，合宜，应该。

⑰数：术，方法。

⑱弊：毁坏，损害。事：用，耗费。精：指人的精气。

## 译文

　　而今这里有个良医，给十个人治疗有九个人会治愈，因此上门找他看病的人上千上万。所以贤能的人可以给君主得功名利禄，就像良医一样，但是君子不明白要赶快去寻找，这难道不是损失吗？现在下棋的人，勇武、时机、占卜、祭祀都是没有用的，技巧高的人肯定会获胜。成就霸业也是一样的，主要在于得到贤能之人的辅佐。魏文侯以卜子夏为师，和田子方交友，对段干木礼敬，国家获得了太平盛世，自己也得到了安逸。天下贤能的君主，哪里一定要费脑伤神呢？主要的还是要掌握国家的治理方法。雪霜雨露逢时而来，万物才可以生长，人们也就会过得舒服，疾病、怪异和祸害就会离开。因此，提起尧的仪表形态就说他穿着宽大下垂的衣服，想证明自己的政务很少。

宓子贱治理单父，静坐弹琴，身体不下厅堂，但是他很安逸。巫马期治理单父的时候，早出晚归，披星戴月，昼夜不息，亲自处理各种政务，单父不这样做也能够治理。巫马期向宓子贱咨询其中的缘由，宓子贱道："我的秘诀就是用人才，您的方法就是使用力气；使用力气的人当然困苦了，使用人才的人当然安逸了。"宓子贱真可以算个君子。使身体安逸，耳目得到保全，心气平和，而官府的各种事务都治理得很好，这是应该的，他只不过使用了正确的方法。巫马期没有这样做，损伤了生命，耗尽了力气，使得身体疲劳，教令繁琐，尽管治理得不错，但还是没有达到最高的境界。

# 期　贤

**原　文**

今夫爝燧者①，务在乎明其火、振其树而已②。火不明，虽振其树，何益？明火不独在乎火，在于暗。当今之时，世暗甚矣，人主有能明其德者，天下之士，其归之也，若蝉之走明火也③。凡国不徒安④，名不徒显，必得贤士。

赵简子昼居⑤，喟然太息曰："异哉！吾欲伐卫十年矣，而卫不伐。"侍者曰："以赵之大而伐卫之细⑥，君若不欲则可也；君若欲之，请今伐之⑦。"简子曰："不如而言也⑧。卫有士十人于吾所，吾乃且伐之⑨，十人者其言不义也，而我伐之，是我为不义也。"故简子之时，卫以十人者按赵之兵，殁简子之身⑩。卫可谓知用人矣，游士而国家得安⑪。简子可谓好从谏矣，听十士而无侵小夺弱之名。

魏文侯过段干木之闾而轼之⑫，其仆曰⑬："君胡为轼？"曰："此非段干木之闾欤？段干木盖贤者也⑭，吾安敢不轼？且吾闻段干木未尝肯以己易寡人也⑮，吾安敢骄之？段干木光乎德⑯，寡人光乎地⑰；段干木富乎义，寡人富乎财。"其仆曰："然则君何不相？"于是君请相之，段干木不肯受。则君乃致禄百万⑱，而时往馆之⑲。于是国人皆喜，相与诵之曰："吾君好正，段干木之敬⑳；吾君好忠，段干木之隆㉑。"居无几何，秦兴兵欲攻魏，司马唐谏秦君曰㉒："段干木贤者也，而魏礼之，天下莫不闻，无乃不可加兵乎？"秦君以为然，乃按兵，辍不攻之。魏文侯可谓善用兵矣。尝闻君子之用兵，莫见其形，其功已成，其此之谓也。野人之用兵也，鼓声则似雷，号呼则动地，尘气充天，流矢如雨，扶伤舆死㉓，履肠涉血，无罪之民，其死者量于泽矣㉔，而国之存亡、主之死生犹不可知也。其离仁义亦远矣！

**注 释**

①熜：用火照。

②振：抖，摇动。照蝉的方法是夜里在地上点亮火光以后摇动树木，树上的蝉受到惊扰就会飞向火光，所以说"务在乎明其火、振其树而已"。

③走：奔向。

④徒：白白地，无缘无故地。

⑤居：闲坐。

⑥细：小。

⑦今：立即。

⑧而：人称代词，你。

⑨乃：副词，表示强调语气。且：将要。

⑩殁：终。

⑪游：用如使动。

⑫闾：里巷的门，这里指里巷。轼：车前横木，这里用如动词，凭轼，即双手扶在车前横木上，这是古人乘车时表示礼敬的动作。

⑬仆：驾车的人。

⑭盖：这里作用略同"乃"。

⑮易：交换。

⑯光：充满。

⑰地：地位，权势。

⑱致：给与。百万：这里极言禄米之多。

⑲馆：高诱注："时往诣其馆也。"

⑳段干木之敬：即敬段干木，这是宾语前置句。

㉑段干木之隆：也是宾语前置句。隆，用如使动，尊显。

㉒司马唐：战国秦大夫，他书或作"司马庚"。

㉓舆：抬。死：尸。

㉔量于泽：以泽计量，极言数量之多。

**译 文**

现在用火照蝉的人，要做的事情就是要使得火光更加明亮、摇动树木而已。火光不明亮，就是摇动那些树枝又有什么作用呢？火光的明亮不仅在于火光的本身，也在于黑暗的衬托。而今这个时期，世道黑暗到了极点，君主中如有彰明自己德行的，天下的贤士都归附了他，好比蝉奔向了明亮的火光一样。一般来说国家没有无缘由的安宁，名声也不是无缘由的显赫，一定要得到贤士的辅佐才能够做到。

赵简子白天闲坐，感慨叹息道："不寻常呀！我计划讨伐卫国已经十年了，如今卫国始终没有讨伐成功。"侍奉的人道："强盛的赵国袭击弱小的卫国，陛下就是不想行动而已啊！假如陛下决定攻打卫国，那么臣子愿去。"赵简子道："这件事情不是你想象的那么简单。卫国有十个贤士在我这里，假若我去讨伐的话，这十个贤士就会认为我是个不义的人。如果我真的袭击了卫国，那么我就是做出了不义的事情。"所以，赵简子在位的时候，卫国的十位贤士阻止了他的计划，一直到赵简子去世。卫国应该说是懂得用人的，使十个贤人出游赵国从而获得了本国的安全。赵简子也算得上是愿意听取劝谏的人了，遵从了士人的意见，而免除了侵略弱小国家的恶名。

魏文侯经过段干木生活的巷子里，手扶轼木表示敬意，他的下属道："陛下为何扶轼呢？"他回道："这不是段干木居住的地方吗？因为他是个贤能的人啊！我不敢不扶轼以表尊敬啊！何况我听说段干木从来没有以自己的德行与我交换君位，怎么能够对他傲慢无礼呢？段干木在德行上得到显赫的名声，我只是在地位上显赫；他在道义上富有，我只是在财富上富有。"他的下属道："是这样，您为何不让他做相国呢？"然后魏文侯就请他作了相国，段干木不愿意接受。魏文侯给了他丰厚的俸禄，并且时常来探望他。百姓知道了都很高兴，相互传诵道："本国的君主喜欢公正，把段干木来尊敬；本国的君主喜爱忠诚，把段干木来推崇。"没有过多久，秦国欲袭击魏国，司马唐进谏道："段干木是个贤能的人，魏国尊重他，天下没有人不明白，也许不能够讨伐的。"秦君考虑司马唐说的有道理，然后就让部队停止了，不去讨伐魏国。魏文侯应该说是会用人的人啊！以前听说君子用兵没有人看见军队的行动，大功就已经告成了，也许说的就是这种情况吧。粗鄙的乡下人用兵，鼓声如雷，喊声惊天动地，尘土满天，剑飞如雨，扶持伤病，抬运尸体，踩踏尸体，血流成河，无辜的百姓横尸遍野。国家、百姓的生死存亡还是无法预料，这种情况离仁义太远了。

# 审 为

**原 文**

身者，所为也<sup>①</sup>；天下者，所以为也<sup>②</sup>。审所以为<sup>③</sup>，而轻重得矣<sup>④</sup>。今有人于此，断首以易冠，杀身以易衣，世必惑之<sup>⑤</sup>。是何也？冠，所以饰首也，衣，所以饰身也，杀所饰要所以饰<sup>⑥</sup>，则不知所为矣。世之走利有似于此。危身伤生、刈颈断头以徇利，则亦不知所为也。

太王亶父居邠<sup>⑦</sup>，狄人攻之。事以皮帛而不受，事以珠玉而不肯，狄人之所求者，地也。太王亶父曰："与人之兄居而杀其弟，与人之父处而杀其子，吾不忍为也。皆勉处矣<sup>⑧</sup>！为吾臣与狄人臣，奚以异？且吾闻之，不以所以养害所养<sup>⑨</sup>。"杖策而去<sup>⑩</sup>。民相连而从之，遂成国于岐山之下<sup>⑪</sup>。太王亶父可谓能尊生矣。能尊生，虽贵富，不以养伤身；虽贫贱，不以利累形。今受其先人之爵禄，则必重失之<sup>⑫</sup>。生之所自来者久矣，而轻失之<sup>⑬</sup>，岂不惑哉！

韩魏相与争侵地<sup>⑭</sup>。子华子见昭釐侯<sup>⑮</sup>，昭釐侯有忧色。子华子曰："今使天下书铭于君之前<sup>⑯</sup>，书之曰：'左手攫之则右手废<sup>⑰</sup>，右手攫之则左手废，然而攫之必有天下。'君将攫之乎？亡其不与<sup>⑱</sup>？"昭釐侯曰："寡人不攫也。"子华子曰："甚善。自是观之，两臂重于天下也。身又重于两臂。韩之轻于天下远；今之所争者，其轻于韩又远。君固愁身伤生以忧之<sup>⑲</sup>，戚不得也㉑。"昭釐侯曰："善。教寡人者众矣，未尝得闻此言也。"子华子可谓知轻重矣。知轻重，故论不过。

中山公子牟谓詹子曰㉑："身在江海之上㉒，心居乎魏阙之下㉓，奈何？"詹子曰："重生。重生则轻利。"中山公子牟曰："虽知之，犹不能自胜也㉔。"詹子曰："不能自胜则纵之，神无恶乎㉕！不能自胜而强不纵者㉖，此之谓重伤㉗。重伤之人无寿类矣㉘。"

**注 释**

①所为：指为之服务的对象，即行为动作的目的。为，介词。

②所以为：指用以达到目的的凭借、手段。

③审所以为：这里只说"所以为"，实际包含了"所为"。

④得：合适，恰当。

⑤惑之：认为他糊涂。惑，意动用法。

⑥要：求。

⑦太王亶父：即古公亶父，周人祖先，文王祖父。自邠迁居岐山之下，领导周人开发周原，周部族势力从此日渐强盛。武王灭商后追尊为太王。邠：又作"豳"。地名，在今陕西省旬邑县西。

⑧勉处：好好住下去。

⑨所以养：指土地。所养：指民众。

⑩杖：动词，拄着。策：手杖。

⑪岐山：在今陕西省岐山县东北。

⑫重：用如意动，把……看得严重，舍不得。

⑬轻：用如意动，把……看得轻易，不在乎。

⑭争侵地：争夺侵占来的土地。

⑮昭釐侯：韩昭釐侯，战国韩国君，谥昭釐。

⑯铭：书写或刻镂于器物之上用以记功、记事或自警的文字。

⑰攫：抓取。

⑱亡其：选择连词，还。不：否。

⑲固：通"顾"，反而。

⑳戚：近。

㉑中山公子牟：战国魏公子，名牟，封于中山，所以称为中山公子牟。又名魏牟。詹子：即詹何，魏人，道家人物。

㉒身在江海之上：指隐居江湖。

㉓心居乎魏阙之下：指向往荣华富贵。魏阙，宫门两侧高大的楼观，其下两旁为悬布法令的地方，因以为朝廷的代称。

㉔自胜：自我克制。

㉕神：精神。恶：害。

㉖强：勉强。

㉗重伤：再伤。不能自胜，神已伤；又强制不纵，神又伤。

㉘寿类：长寿的人。

**译 文**

保护自身的生命是目的，天下只不过是用来保护生命的手段和依据。搞明白目的和手段，它们的轻重就可以明了了。而今假若有这样一个人，为了得到帽子砍断头颅，为了衣服残害自己的身体，天下的人肯定会认为他糊涂。是什么缘由呢？因为帽子是用来装饰头颅的，衣服是用来打扮身体的，以残杀被修饰的对象来获得装饰品，不明白这是什么目的呢？这种事情与世人所求财利是很相似的。损害身体、危害身体、砍断脖子、砍掉头颅来追逐名利，这也是不明白是什么目的啊！

太王亶父居住在邠地，狄人袭击他。他就用皮毛丝帛侍奉他们，狄人还是不接受，就用珍珠宝玉侍奉他们，他们还是不答应，狄人想要土地。太王亶父道："和人家的兄长住在一起，却杀死了他的弟弟；和人家的父亲住在一起，却杀死了他的儿子，我不忍心这样做。你们就好好居住着吧！做我的臣子和做狄人的臣子有什么分别吗？如今我听说，不用养育百姓的土地危害土地所养育的百姓。"然后柱着拐杖就走了。百姓成群结队地跟随他，就在岐山下建立了自己的国家。太王亶父也算是遵从了生命。能够做到遵从生命，就是富贵，也不会为了供给而损害身体；就是贫贱，也不会为了钱财而拖垮身体的。而今接受了先人的爵位俸禄，肯定会特别看重舍不得失去。生命因为这个也就更长久了，但是人们把失去生命看得一点也不在乎，这难道不是糊涂的做法吗？

韩魏两国相互侵占彼此的土地。子华子拜访韩昭釐侯，韩昭釐侯面带忧色。子华子道："而今使得天下的百姓在您面前书写铭文，道：'左手抓起铭文就会导致右手被砍断，右手抓起铭文就会导致左手被砍断，但是抓起了铭文就一定会得到天下。'您是否抓取呢？"韩昭釐侯道："我不抓取。"子华子道："很好。这样看来，两个胳膊比天下更重要，身体又比两个胳膊重要。韩国比起天下来并不是最重要的；而今您所争夺的比韩国要次得多，您反而愁眉苦脸损害生命去为它担忧，也许这是没有必要的。"韩昭釐侯道："是啊！教诲我的人已经很多了，如今听到这样的话还是第一次。"子华子可以说懂得轻重的人啊。明白轻重，论述就不会出错了。

中山公子牟对詹子道："我的身体在江海之上，心在朝堂之中，如何是好呢？"詹子道："生命是很重要的。把生命看得重要了就会淡薄功名利禄。"中山公子牟道："这个道理我是明白的，但还是不能自我控制。"詹子道："不能够控制那就放纵它吧，精神就不会有伤害了。不能自我控制又勉强不放纵，这就是再伤。再伤的人难以后继，繁衍后代。"

# 爱 类

**原文**

仁于他物，不仁于人，不得为仁。不仁于他物，独仁于人，犹若为仁①。仁也者，仁乎其类者也。故仁人之於民也，可以便之②，无不行也。

神农之教曰③："士有当年而不耕者④，则天下或受其饥矣；女有当年而不绩者⑤，则天下或受其寒矣。"故身亲耕，妻亲绩，所以见致民利也⑥。贤人之不远海内之路⑦，而时往来乎王公之朝，非以要利也⑧，以民为务故也⑨。人主有能以民为务者，则天下归之矣。王也者，非必坚甲利兵选卒练士也⑩，非必隳人之城郭杀人之士民也⑪。上世之王者众矣，而事皆不同，其当世之急⑫、忧民之利、除民之害同。

公输般为高云梯⑬，欲以攻宋。墨子闻之，自鲁往，裂裳裹足⑭，日夜不休，十日十夜而至于郢。见荆王曰："臣北方之鄙人也⑮，闻大王将攻宋，信有之乎？"王曰："然。"墨子曰："必得宋乃攻之乎？亡其不得宋且不义犹攻之乎⑯？"王曰："必不得宋且有不义⑰，则曷为攻之？"墨子曰："甚善。臣以宋必不可得。"王曰："公输般，天下之巧工也，已为攻宋之械矣。"墨子曰："请令公输般试攻之，臣请试守之。"于是公输般设攻宋之械，墨子设守宋之备。公输般九⑱攻之，墨子九却之，不能入。故荆辍不攻宋。墨子能以术御荆免宋之难者，此之谓也。

圣王通士⑲，不出于利民者无有。昔上古龙门未开⑳，吕梁未发㉑，河出孟门㉒，大溢逆流，无有丘陵沃衍、平原高阜㉓，尽皆灭之㉔，名曰"鸿水"㉕。禹于是疏河决江㉖，为彭蠡之障㉗，干东土㉘，所活者千八百国。此禹之功也。勤劳为民，无苦乎禹者矣。

匡章谓惠子曰："公之学去尊㉙，今又王齐王㉚，何其到也㉛？"惠子曰："今有人于此，欲必击其爱子之头，石可以代之㉜——"匡章曰："公取之代乎？其不与③？""施取代之③。子头，所重也；石，所轻也。击其所轻以免其所重，岂不可哉！"匡章曰："齐王之所以用兵而不休，攻击人而不止者，其故何也？"惠子曰："大者可以王，其次可⑤以霸也。今可以王齐王而寿黔首之命固，免民之死，是以石代爱子头也，何为不为③？"民寒则欲火，暑则欲冰，燥则欲湿，湿则欲燥。寒暑燥湿相反，其于利民一也。利民岂一道哉！当其时而已矣⑤。

**注 释**

①犹若：犹然，仍然。

②便：利。

③教：教令。下面的引语当是古代农家学说而假托于神农的。

④当年：壮年，成年。王念孙《吕氏春秋校本》："丁、当语之转。当年犹丁年耳。"

⑤绩：缉麻，把麻纤维析成缕连接起来搓成线。

⑥见：显示，表示。致民利：给人民利益。

⑦远：用如意动，以……为远。

⑧要：求。

⑨以民为务：把为百姓谋利作为要务。

⑩练：拣，挑选。

⑪隳：毁坏。

⑫当：承担。

⑬公输般：古代著名工匠，春秋时鲁国人，世称鲁班。

⑭裂：撕。

⑮鄙：鄙野，偏远之地。

⑯亡其：还是。

⑰有：通"又"。

⑱九：这里指多次。

⑲通士：知识渊博、通达事理的读书人。

⑳龙门：山名，在山西河津县，位于黄河河道，传说禹曾凿龙门以通河水。

㉑吕梁：山名，即《尚书·禹贡》"治梁及岐"的梁山，在陕西韩城县。梁山也正当黄河河道，传说为大禹所开凿。一说即今吕梁山，在山西离石县。发：开。

㉒出：高出，超过。孟门：山名，在山西吉县西，绵亘黄河两岸，位于梁山、龙门之北。

㉓沃衍：肥沃而平坦的土地。阜：高山。

㉔灭：淹没。

㉕鸿：大。

㉖决：打开缺口，疏导水流。

㉗彭蠡：泽名，即鄱阳湖。障：堤防。

㉘干：用如使动。

㉙学：学说。去尊：废弃尊位。

㉚王齐王：尊奉齐王为王。第一个"王"字用如动词。

㉛到：倒，相反。

㉜石可以代之：惠子的这句话还没有说完，就被匡章打断了。

㉝不：否。

㉞施：惠子自称其名。

㉟可：可以。以：用。寿：用如使动。

㊱何为不为：第一个"为"是介词，第二个"为"是动词。

㊲当：适合。

对他物仁爱，对人不仁爱，这不能算是仁。对他物不仁爱，对人仁爱，这可以称为仁。所谓仁，就是指对他的同类的仁爱。因此，仁德的人对于百姓，只要可以使百姓获得利益，就没有什么不可以做。

神农教化道："壮年的男子不耕种，天下就会有人饿死；年轻的女子不绩麻，天下就会有人挨冻。"因此神农亲自下田耕种，他的妻子亲自绩麻，来表示他们为了百姓的利益。贤能的人不担心海内路途遥远，经常来往于君主的朝廷，这不是为了谋求自己的私利，而是为了百姓的公利。君主假若以为了百姓谋取利益为自己的主要职责，那么天下的人就会来归顺他的。称霸天下，不一定要用坚利的盔甲、锐利的兵器；挑选精兵猛士，并不一定要毁坏别人的城郭，杀戮别人的臣民。历史上称王的人不少，但是情况各不相同，只是他们承担社会的危难、关心百姓的利益，消除百姓的灾祸是没有差别的。

公输班制造了高大的云梯，计划用它来袭击宋国。墨子听说后，就从鲁国出发，前往楚国。他把衣服撕裂用来裹脚，日夜不停地走，十天十夜才到达了楚国的都城。他拜访了楚王道："我是北方卑微的人，听说君主要攻打宋国，有没有这样的事情呢？"楚王道："是的。"墨子道："君主是不是特别想得到宋国所以才袭击它的呢？还是为了即使得不到宋国就是落得个名声扫地也要袭击宋国呢？"楚王道："如果是这样的结局，为什么还要袭击宋国呢？"墨子道："好的！我认为陛下的计划是不会成功的。"楚王道："公输班是天下难得的巧匠，已经做好了袭击宋国的武器了。"墨子道："那就让公输班试着袭击，我试着防守。"然后公输班设置了入城的器械，墨子也准备了防守的设备。公输班进攻了几次，墨子就几次击退了他，攻不到城里去，因此楚国就停止了袭击宋国的计划。墨子能够设置防守抵御楚国从而使宋国获救，说的就是这件事情。

圣明的君主和通达的贤士，他们的言与行都是为了百姓的利益。以前，在上古时代，龙门山还没有开凿，吕梁山还没有打通，黄河水漫过了孟门山，大水泛滥横流，无论丘陵、沃野、平原、高山，所有的都被淹灭了，百姓把这个称为"洪水"。大禹疏通了黄河，疏导了长江，筑起了彭蠡湖的堤防，使得东方的洪水消退，把一千八百多个国家救活。这就是大禹的功绩。勤勤恳恳为百姓服务，没有像大禹这样辛苦的了。

匡章对惠子说："齐王用兵不止，征战不休，这是为什么呢？"惠子说："从大的方面说，可以成就王业；从小的方面说，可以成就霸业。"匡章对惠子道："您的思想是抛弃尊位，如今齐王被尊为王，为什么言行不一致呢？"惠子道："而今如果这边有一个人，必须要打爱子的头，而石头可以代替爱子的头。"匡章道："您是拿石头代替呢，还是不这样做呢？"惠子道："我当然会拿石头代替爱子的头，因为我看重的是爱子的头；石头是我不在乎的东西。击打我所不在乎的而使得我看重的难受困苦，不可以吗？"匡章道："齐王用兵不休，攻占不止，这是为何呢？"惠子道："这样做如果收获大就可以称王，收获少也可以称霸。如今可以用尊齐王为王的方法来保全百姓，使他们健健康康，免于死亡，就是用石头代替爱子又有什么不可以呢？"百姓寒冷了希望得到温暖，炎热了希望得到冰，干燥了希望得到潮湿，潮湿了希望得到干燥。寒冷与炎热、干燥和潮湿是相反相成的，但是它们在有利于百姓的方面是一样的。为百姓谋取利益不一定只有一种方法，只不过适合适宜罢了。

# 贵　卒

**原　文**

力贵突[1]，智贵卒[2]。得之同则速为上，胜之同则湿为下[3]。所为贵骥

少年读吕氏春秋

者，为其一日千里也；旬日取之④，与驽、骀同⑤。所为贵镞矢者⑥，为其应声而至；终日而至，则与无至同。

吴起谓荆王曰⑦："荆所有余者地也；所不足者民也。今君王以所不足益所有余，臣不得而为也。"于是令贵人往实广虚之地⑧。皆甚苦之。荆王死，贵人皆来。尸在堂上，贵人相与射吴起。吴起号呼曰："吾示子吾用兵也。"拔矢而走，伏尸插矢而疾言曰："群臣乱王！"吴起死矣，且荆国之法，丽兵于王尸者，尽加重罪⑨，逮三族⑩。吴起之智可谓捷矣。

齐襄公即位⑪，憎公孙无知⑫，收其禄。无知不说，杀襄公。公子纠走鲁，公子小白奔莒⑬。既而国杀无知，未有君，公子纠与公子小白皆归，俱至，争先入公家⑭。管仲扜弓射公子小白⑮，中钩⑯。鲍叔御公子小白僵⑰。管子以为小白死，告公子纠曰："安之⑱，公子小白已死矣！"鲍叔因疾驱先入，故公子小白得以为君。鲍叔之智应射而令公子小白僵也，其智若镞矢也。

周武君使人刺伶悝于东周⑲。伶悝僵，令其子速哭曰："以谁刺我父也⑳？"刺者闻，以为死也。周以为不信㉑，因厚罪之。

赵氏攻中山。中山之人多力者曰吾丘鸩㉒，衣铁甲操铁杖以战，而所击无不碎，所冲无不陷，以车投车，以人投人也。几至将所而后死㉓。

**注释**

①突：突然，出其不意。

②卒：通"猝"，迅疾，敏捷。

③湿：迟滞。高诱注："湿谓迟久之也。"

④旬日：十天。取：通"趣"，趋向。

⑤驽、骀：都是劣马。

⑥镞矢：一种用金属做箭头，较为小巧轻便的箭。高诱注："小曰镞矢，大曰篇矢。"镞，锐利。

⑦荆王：指楚悼王，战国楚国君，名熊疑，公元前 401 年—公元前 381 年在位。

⑧实：充实。

⑨丽：附着。

⑩逮：连及。三族：说法不一，一般认为指父族、母族、妻族。据《史记·孙子吴起列传》记载，楚宗室大臣为此事被灭族的有七十余家。

⑪齐襄公：春秋齐国君，名诸儿，公元前 697 年—公元前 686 年在位。

⑫憎：厌恶。公孙无知：齐庄公之孙，僖公之侄，与襄公为堂兄弟。僖公在位时宠爱无知，使其衣服礼遇与太子诸儿同等，所以襄公厌恶他。

⑬莒：春秋国名，与齐国为邻。

⑭公家：指朝廷。

⑮扞：把弓拉满。

⑯钩：衣带钩。

⑰御：使。僵：仰倒。

⑱安：从容。

⑲周武君：战国时西周国君。伶悝：东周之臣。

⑳以：此。

㉑以：介词。其宾语是刺伶悝者。信：言语诚实。

㉒吾丘鸩：姓吾丘，名鸩，据文意当为中山国力士。鸩，同"鼽"（依毕沅说）。

㉓几至将所而后死：这是说吾丘鸩虽多力仍不免于死，从反面说明上文"力贵突"的道理。

**译 文**

用力的时候主要在于突发而致，用智慧贵在敏捷、快速。同样是获得一个事物，速度快的人一定是先得到的；同样是战胜对手，拖延久的肯定落败。人们看重骐骥，就在于它能够日行千里；假若十天才能到达，就与驽骀这样的劣马没有什么差别了。人们看重利剑，是因为它应声而致；假若到达需要一天的时间，就和不到达没有什么区别了。

吴起对楚王道："楚国最富裕的是土地，最不足的是百姓。而今陛下用不足的百姓来扩张有余的土地，我没有什么方法为您筹划啊。"然后命令贵族们迁居去充实广漠虚旷的地方，贵族们都深深地感受到了困苦。楚王过世后，就纷纷回来了。楚王的尸体停放在厅堂上，贵族们一起射击吴起。吴起高喊道："我让你们看看我是怎么用兵的。"就拔出了箭趴在楚王的尸体上，一面把剑插入楚王的身体里，一面大声喊道："臣子们射击王尸吧！"吴起死了，而楚国的法令规定，凡是兵器接触到王尸的就要严厉地惩罚，株连三族。吴起的智谋可算是敏捷了。

齐襄公继承了君位，因为讨厌公孙无知，就收回了他的禄位。公孙无知很不开心，就杀死了齐襄公。公子纠逃到了鲁国，公子小白逃到了莒国。不久百姓杀死了公孙无知，齐国没有了国君，公子纠和公子小白就回来了，一起回国争夺王位。管仲拉弓射公子小白，结果射中了他的衣带。鲍叔牙让公子小白躺下，管仲以为他死了，告诉公子纠道："您可以放心地走了，公子小白已经死了。"鲍叔牙就快马加鞭，首先进入朝廷，所以公子小白才得以做了国君。鲍叔牙机智地对付了管仲的箭让公子小白躺下，他用智谋就像利剑一样迅速啊！

周武君派人到东周刺杀伶悝，伶悝仰面躺着，让他的儿子赶快哭道："是谁刺杀了我的父亲？"刺杀的人听到哭声以为他已经死了。周武君认为刺客不够忠诚，所以，就对他实行了重罚。

赵国要袭击中山国，中山国有个力士名字叫吾丘鸠，穿着铁甲，拿着铁杖作战，他所击打的东西没有不破裂的，他所冲击的没有不陷落的，可以举起车投向敌人的车，能够举起人投向敌人的人。尽管几乎就要打到赵军主帅的指挥部了，但是还是被杀死了。

# 慎行论

## 慎 行

行不可不孰①。不孰，如赴深谿②，虽悔无及。君子计行虑义，小人计行其利，乃不利③。有知不利之利者④，则可与言理矣⑤。

荆平王有臣曰费无忌⑥，害太子建⑦，欲去之。王为建取妻于秦而美，无忌劝王夺。王已夺之，而疏太子。无忌说王曰："晋之霸也，近于诸夏⑧；而荆僻也，故不能与争。不若大城城父而置太子焉⑨，以求北方⑩，王收南方⑪，是得天下也。"王说，使太子居于城父。居一年，乃恶之曰⑫："建与连尹将以方城外反⑬。"王曰："已为我子矣⑭，又尚奚求？"对曰："以妻事怨，且自以为犹宋也⑮。齐晋又辅之。将以害荆，其事已集矣。"王信之，使执连尹，太子建出奔。左尹郤宛⑯，国人说之。无忌又欲杀之，谓令尹子常曰⑰："郤宛欲饮令尹酒。"又谓郤宛曰："令尹欲饮酒于子之家。"郤宛曰："我贱人也⑲，不足以辱令尹⑳。令尹必来辱，我且何以给待之㉑？"无忌曰："令尹好甲兵，子出而寘之门㉒，令尹至，必观之已㉓，因以为酬㉔。"及飨日㉕，惟门左右而寘甲兵焉㉖。无忌因谓令尹曰："吾几祸令尹。郤宛将杀令尹，甲在门矣。"令尹使人视之，信㉗。遂攻郤宛，杀之。国人大怨，进胙者莫不非令尹㉘。沈尹戍谓令尹曰㉙："夫无忌，荆之谗人也。亡夫太子建，杀连尹奢，屏王之耳目㉚。今令尹又用之杀众不辜，以兴大谤㉛，患几及令尹。"令尹子常曰："是吾罪也，敢不良图？"乃杀费无忌，尽灭其族，以说其国㉜。动而不论其义㉝，知害人而不知人害己也，以灭其族，费无忌之谓乎！

崔杼与庆封谋杀齐庄公㉞。庄公死，更立景公㉟，崔杼相之。庆封又欲杀崔杼而代之相。于是豚崔杼之子㊱，令之争后㊲。崔杼之子相与私闰㊳。崔杼往见庆封而告之。庆封谓崔杼曰："且留，吾将兴甲以杀之。"因令卢满嫳兴甲以诛之㊴。尽杀崔杼之妻子及枝属㊵，烧其室屋，报崔杼曰："吾已诛之矣。"崔杼归，无归，因而自绞也㊶。庆封相景公，景公苦之。庆封出猎，景公与陈无宇、公孙灶、公孙虿诛封㊷。庆封以其属斗，不胜，走如鲁。齐人以为让㊸，又去鲁而如吴，王予之朱方㊹。荆灵王闻之㊺，率诸侯以攻吴，围朱方，拔之。得庆封，负之斧质㊻，以徇于诸侯军㊼，因令其呼之曰："毋或如齐庆封㊽，弑其君而弱其孤㊾，以亡其大夫㊿。"乃杀之。黄帝之贵而死，尧舜之贤而死，孟贲之勇而死[51]，人固皆死，若庆封者，可谓重死矣[52]。身为僇[53]，支属不可以完[54]，行忮之故也[55]。

凡乱人之动也，其始相助，后必相恶。为义者则不然，始而相与，久而相信，卒而相亲，后世以为法程[56]。

**注释**

①孰：同"熟"，这里是熟虑的意思。

②谿：山谷。

③其：通"期"（依陶鸿庆说），期求。

④不利之利：不谋私利所带来的好处。第一个"利"字用如动词，谋利。

⑤理：道义。

⑥荆平王：楚平王，春秋楚国君，名熊居，公元前528年—公元前516年在位。费无忌：平王臣，姓费，名无忌。《左传》作"费无极"，谓其官职为太子少师。

⑦害：嫉恨。

⑧诸夏：华夏各国，对"蛮夷"而言。

⑨城父：楚北部边邑，在今河南省宝丰县东四十里。

⑩求：指求得拥戴和尊奉。北方：指北方宋、郑、鲁、卫等中原各国。

⑪收：取。南方：指吴越等国。

⑫恶：诋毁，说坏话。

⑬连尹：楚官名。这里指伍奢。方城：山名，在今河南叶县南，春秋时为楚国北部要塞。外：城父在方城之北，所以称"外"。

⑭子：指太子。

⑮自以为犹宋：意思是自视为像宋那样的独立小国。

⑯左尹：楚官名，位在令尹之下。郤宛：楚大夫，字子恶。

⑰令尹：楚官名，百官之长。

⑱饮：使喝。

⑲贱人：这是郤宛的谦词。

⑳辱：这里是表示尊敬的委婉语，意为令尹来自己家喝酒是辱没其身份。

㉑给：供给，这里是酬报的意思。

㉒出：用如使动，宾语是"之"（甲兵）。

㉓已：句末语气词。

㉔酬：报献。这里指宴饮中主人劝客饮酒时报献宾客的礼物。

㉕飨：以酒食招待人。

㉖帷：通"帷"。这里用如动词，设置帷幕。

㉗信：真实，确实。

㉘进胙者：指向国君进献祭肉的人，即卿大夫。胙，祭庙之肉。卿大夫祭祀后要把祭肉进献给国君，叫做"进胙"。非：批评，指责。

㉙沈尹戍：楚国沈县之尹（官长），名戍。高诱注谓楚庄王之孙。《左传》作"沈尹戍"，杜预注为楚庄王曾孙。

㉚屏：蔽，闭塞。

㉛兴：发生，产生，这里用如使动。谤：指责，非难。

㉜说其国：取悦于国人。

㉝论：察知。

㉞崔杼：春秋齐大夫，谥武子。庆封：齐大夫，字子家。齐庄公：春秋齐国君，名光，公元前553年—公元前548年在位。

㉟景公：齐景公，齐庄公弟，名杵臼，公元前547年—公元前490年在位。

㊱抟：挑拨（依毕沅说）。

㊲争后：争立为后嗣。后，后嗣，继承人。春秋时各国实行世卿世禄制度，只有正式被立为后嗣才有资格继承爵禄。

㊳私阋：私自兴兵争斗。阋，争斗。

㊴卢满嫳：齐大夫，庆封之党。他书或作"卢蒲嫳"。

㊵枝属：宗族亲属。

㊶绞：缢死。

㊷陈无宇：齐大夫，谥桓子。公孙灶：齐大夫，字子雅。公孙蛋：齐大夫，字子尾。灶、蛋二人都是齐国宗室，于景公为伯叔。诛：讨伐。

㊸以为让：用接纳庆封事责备鲁。让，责备。

㊹朱方：春秋吴邑，在今江苏镇江市丹徒镇南。

㊺荆灵王：楚灵王，春秋楚国君，初名围，即位后改名虔，公元前540年—公元前529年在位。

㊻负：用如使动。斧质：杀人的刑具。质，通"锧"，杀人时垫于身下的砧板。

㊼徇：巡行示众。

㊽或：句中语气词。

㊾弱：用如意动，以……为弱，欺凌。孤：幼而无父，这里指新君景公。

㊿亡：通"盟"（依刘师培说），盟誓，指强迫大夫盟誓服从自己。

51孟贲：春秋时勇士。

52重死：被戮为一死，戮前受辱为一死，所以说"重死"。

53僇：通"戮"。

54支属：义同"枝属"。完：保全。

55忮：嫉恨。

56法程：法度。

## 译 文

　　人的行动一定要深思熟虑，假如不深思熟虑的话，就像奔赴深谷，后悔是来不及的。君子筹划行动，首先考虑的是道义；小人筹划行动的时候，首先考虑的是私利，但是结局反而是不利的。只有懂得了不谋取私利就能够带来利益的人，才能够与他谈论事理。

　　楚平王的臣子费无忌，此人非常嫉恨太子建，计划想除掉他。楚平王为太子迎娶了秦国的一个妻子，长得非常漂亮，费无忌就纵容楚平王夺为己有。楚平王夺得了这个秦国的女子，就把太子逐渐疏远了。费无忌劝谏楚平王道："晋国称雄，主要是因为它靠近中原各国；而楚国地处偏远，因此，不能够和它争霸。不如大修城父的城池把太子派到那里去吧，目的是赢得各国的遵奉，陛下则可以收复南方各国了，这样称霸天下就会容易得多。"楚平王听了之后很开心，然后就让太子住进了城父。一年过去了，费无忌又诋毁太子建道："太子建计划和连尹、伍奢凭借方城以北的地区谋反。"楚平王道："我已经立他为太子了，还用得着谋求什么吗？"费无忌道："因为陛下曾经夺走了他的妻子，所以他很嫉恨您啊！还自以为像宋国那样成为独立的小国，齐国、晋国都打算扶持他呢。太子即将要危害到楚国的利益，为谋反做好了充分的准备。"楚平王再次相信了费无忌，然后派人逮捕了连尹伍奢，太子建只好逃亡国外。左尹郄宛备受百姓的爱戴，费无忌又计划杀死他，然后就对令尹子常道："左尹郄宛打算请您喝酒。"又对左尹郄宛道："令尹子常想到你家与您喝酒。"左尹郄宛道："我的地位低下，不值得令尹子常光顾啊！如果令尹子常一定要屈尊光顾的话，我拿什么来招待他呢？"费无忌道："令尹子非常喜爱盔甲兵器，他来了，您把这些摆放在门旁，他就会观赏。等到他欣赏完了，您就把这些献给他，以此助助酒兴啊。"到了设宴这天，左尹郄宛就把门口两旁用帷幕遮起来，里面摆放着盔甲兵器。费无忌就对令尹子常道："我差点害了您呀！左尹郄宛打算要杀了您，把兵器都在门口摆放好了。"令尹子常就派人去打探，果真如此，然后就派人把左尹郄宛杀死了。百姓对于这件事很愤慨，卿大夫们也纷纷舆论令尹子常。沈尹戌对令尹子常道："费无忌是个谗言小人啊！他使计谋赶走了太子建，杀害了连尹伍奢，遮住了楚王的眼目。而今您又为此乱杀无辜，还招致了许多的非议，祸患离您不远了。"令尹子常道："这些都是我的罪过啊，我怎么敢不好好打算呢？"然后就杀死了费无忌，诛灭他的全族，安抚百姓。行动不讲道义，只知道害人而不明白他人也会害死自己，这就是费无忌的结局吧。

齐国的大臣崔杼和庆封合谋杀了国君齐庄王。齐庄王死后，改立齐景公，崔杼做了他的相国。庆封计划杀死崔杼，自己做相国。然后就挑拨崔

杵的儿子们，让他们争着做继承人，崔杵的儿子为此相互搏斗起来。崔杵拜访庆封，就把此事告诉了庆封。庆封道："您先在这里等会儿我，我派兵把他们杀死。"然后就派卢满嫳带兵诛杀了他们。卢满嫳杀尽了崔杵的妻儿还有宗族的亲属，烧了他的住宅房屋，接着回来禀告崔杵道："我已经把他们全部杀了。"崔杵回去，已经无家可归，就自缢而死。庆封顺利地做了齐景公的相国，齐景公不堪忍受他。庆封外出打猎，齐景公趁着这个机会和自己的臣子陈无宇、公孙灶、公孙蛮诛杀庆封。

庆封率部下应战，但是没有获胜，就逃亡到鲁国。齐国为这件事指责鲁国，庆封又离开鲁国到达吴国，吴王就把朱方这块地盘给了他。楚灵王听说了这件事情，就率领军队袭击吴国，包围了朱方，攻占了它，又抓获了庆封，使他背着斧钺，在各位诸侯部队中游行示威，并且让他喊道："大家不要向齐国的庆封学习，杀死了老国君，又瞧不起新的国君，还强迫贤能的大夫发誓服从我！"然后就杀死了庆封。黄帝的地位高贵，终归是一死；尧舜贤能，终归是一死；孟贲勇武，还是一死。人就本来就有一死，但是像庆封已经死了两次，不仅自己生命没有保住，而且连自己的亲属也难逃祸害，这也是他嫉恨他人的结果啊！

一般来说，作乱行事的人，刚开始彼此帮助，到后来必定彼此憎恨。遵行道义的人就不是这样的。他们相互扶助，过一段时间相互信任，最后就彼此可以亲近，后人就把这个作为行事的原则。

# 无　义

　　先王之于论也极之矣①。故义者，百事之始也，万利之本也，中智之所不及也②。不及则不知，不知则趋利。趋利固不可必也③。公孙鞅、郑平、续经、公孙竭是已④。以义动则无旷事矣⑤，人臣与人臣谋为奸，犹或与之⑥，又况乎人主与其臣谋为义，其孰不与者？非独其臣也，天下皆且与之。

　　公孙鞅之于秦，非父兄也⑦，非有故也⑧，以能用也⑨。欲堙之责⑩，非攻无以⑪。于是为秦将而攻魏⑫。魏使公子卬将而当之⑬。公孙鞅之居魏也，固善公子卬。使人谓公子卬曰："凡所为游而欲贵者，以公子之故也。今秦令鞅将，魏令公子当之，岂且忍相与战哉？公子言之公子之主，鞅请亦言之主，而皆罢军。"于是将归矣，使人谓公子曰："归未有时相见，愿与公子坐而相去别也⑭。"公子曰："诺。"魏吏争之曰："不可。"公子不听，遂相与坐。公孙鞅因伏卒与车骑以取公子卬。秦孝公薨，惠王立，以此疑公孙鞅之行，欲加罪焉。公孙鞅以其私属与母归魏⑮，襄疵不受⑯，曰："以君之反公子卬也，吾无道知君。"故士自行不可不审也。

　　郑平于秦王⑰，臣也；其于应侯，交也⑱。欺交反主⑲，为利故也。方其为秦将也，天下所贵之无不以者⑳，重也。重以得之，轻必失之。去秦将，入赵、魏，天下所贱之无不以也，所可羞无不以也。行方可贱可羞㉑，而无秦将之重，不穷奚待？

　　赵急求李欬㉒。李言、续经与之俱如卫㉓，抵公孙与㉔。公孙与见而与入㉕。续经因告卫吏使捕之。续经以仕赵五大夫㉖。人莫与同朝，子孙不可以交友。

公孙竭与阴君之事㉒，而反告之樗里相国㉓，以仕秦五大夫。功非不大也，然而不得入三都㉔，又况乎无此其功而有行乎㉕！

**注释**

①论：道理。极：尽，详尽，透彻。

②中智：指一般人。对"上智"与"下愚"而言。

③必：动词，绝对相信、依赖。

④公孙鞅：即商鞅。郑平：当即《史记·范雎列传》中的郑安平，秦将，后降赵。续经：赵人。公孙竭：秦臣。

⑤旷：废。

⑥与：赞同。

⑦父兄：指宗亲。公孙鞅不是秦王宗室，所以说"非父兄也"。

⑧故：旧交。公孙鞅为魏人，于秦为客，所以说"非有故也"。

⑨以：介词，凭着。能：才能。

⑩埤之责：对秦尽到责任。埤，塞。"埤责"即"塞责"，尽职。之，指代秦国。这是一个双宾语句。

⑪以：用，这里指所用的方法。

⑫为：介词。将：领兵。

⑬公子印：战国魏人，魏惠王时为将。当：抵御。

⑭去别：离别。

⑮以：率领。私属：家众。

⑯襄疵：魏人，魏惠王时曾为邺令。他书或作"穰疵"。

⑰秦王：指秦昭王。

⑱应侯：即范雎，魏人，入秦为昭王相，封于应（今山西临猗县），所以称为应侯。

⑲欺交反主：指郑平兵败降赵。郑平为秦将是范雎保举的。当时法律规定，被保举的人犯了罪，保举者要连坐，所以说郑平欺交。

⑳以：为，做。

㉑方：比并。

㉒求：搜捕。李欬：事未详。

㉓李言：事未详。

㉔抵：归。公孙与：卫人，事未详。

㉕与：同意。入：接纳。

㉖五大夫：爵位名。

㉗与：参与。阴君之事：未详。

㉘樗里相国：即樗里疾，又称樗里子，战国时秦惠王异母弟，秦武王、昭王时为相。

㉙三都：指赵、卫、魏三国国都（依高诱注）。

㉚无此其功而有行："其"字疑当在"有"字之下（依毕沅说）。据文意，"功"当指有利于国家，"行"则指私人交往上的背信弃义。

### 译 文

先君的论辩已经很彻底了。义是万事万物的开始，是各种利益的根本，普通人是明白不了的，明白不了就不明白事理，不明白事理就会全心全意地追求私利。追求私利本来就是不能够依靠的，公孙鞅、郑平、续经、公孙竭这些人都证明了这一点。如果按照义行动，就不会做不成事情。臣子之间合谋做坏事，尚且没有人反对，更何况君主和臣子一起谋划行义，天下人谁会不同意呢？不仅臣子不反对，而且全天下的人都会拥护。

公孙鞅对于秦王来说，不是宗族也不是旧好，只是凭借着才能任用了他。他打算为秦国尽心尽责，除了袭击其他国家没有什么打算。然后就为了秦国率领军队袭击魏国。魏国派公子卬带兵应战。以前公孙鞅在魏国的时候就和公子印旧交，然后就派人对公子印道："我之所以四处出游并且为了得到尊贵，都为了公子的原因。而今秦国让我率兵，而魏国又派您来应战，能够忍心交战吗？您可否向您的君主进谏，我也向我的主子进谏，使得双方就撤兵吧。"等到双方都撤军，公孙鞅又派人到公子印那里道："这一去可能再没有机会见面了，可否和公子道别呢？"公子印道："可以。"魏国的军官道："不能再往前走了。"公子印没有听他们的话，还是和公孙鞅聚会了。公孙鞅乘机埋伏了兵卒马车，俘虏了公子印。秦孝公过世后，惠王继承了帝位，他怀疑公孙鞅的品德，计划加罪于他，公孙鞅只好带着家眷逃到了魏国。魏国的臣子襄疵不愿意接受他，道："你曾经背叛了公子印，我不了解你真正目的是什么。"这件事情说明士人应该对自己的言行多加小心谨慎。

郑平对于秦昭公是臣子，对于应侯来说是朋友。他欺骗朋友，背叛君主，是追求私利的原因。当初他做秦国将军的时候，天下认为尊贵的事没有一件不能做，这是因为他位高权重。因为位高权重得到的东西，一旦权位失去后它们也必然失去。郑平离开秦将的位子，进入赵、魏后，百姓认为卑贱的事情没有不做的，百姓认为羞耻的事没有不为的。他做的所有事情都是被人所鄙视不言的，而没有秦将的大权，就等着困境吧。

赵国四处紧密地搜捕李欬，李言、续经跟随他到卫国投奔公孙与。公孙与不仅接见了他们而且还愿意接纳他们。续经就乘机向卫国的官吏告发，让他们逮捕了李欬，为此他得到了赵国五大夫的爵位。没有人愿意和他一起上朝，他的子孙也是因为这个而没有朋友。

公孙竭参与过阴君的事，但是反而向樗里相国告发，也为此得到了秦国五大夫的爵位。功绩可算是很大了，但是却进不去赵国、卫国、魏国的国都。公孙竭这个样子，更何况没有他这些功绩但还是做这种事情的人呢？

# 疑　似

原文

　　使人大迷惑者，必物之相似也。玉人之所患，患石之似玉者；相剑者之所患，患剑之似吴干者<sup>①</sup>；贤主之所患，患人之博闻辩言而似通者<sup>②</sup>。亡国之主似智，亡国之臣似忠。相似之物，此愚者之所大惑，而圣人之所加虑也，故墨子见歧道而哭之<sup>③</sup>。

　　周宅酆、镐<sup>④</sup>，近戎人。与诸侯约：为高葆于王路<sup>⑤</sup>，置鼓其上，远近相闻；即戎寇至<sup>⑥</sup>，传鼓相告，诸侯之兵皆至，救天子。戎寇当至<sup>⑦</sup>，幽王击鼓，诸侯之兵皆至，褒姒大说<sup>⑧</sup>，喜之。幽王欲褒姒之笑也，因数击鼓，诸侯之兵数至而无寇。至于后戎寇真至，幽王击鼓，诸侯兵不至，幽王之身乃死于丽山之下<sup>⑨</sup>，为天下笑。此夫以无寇失真寇者也。贤者有小恶以致大恶，褒姒之败，乃令幽王好小说以致大灭。故形骸相离，三公九卿出走。此褒姒之所用死<sup>⑩</sup>，而平王所以东徙也<sup>⑪</sup>，秦襄、晋文之所以劳王而赐地也<sup>⑫</sup>。

　　梁北有黎丘部<sup>⑬</sup>，有奇鬼焉，善效人之子姓昆弟之状<sup>⑭</sup>。邑丈人有之市而醉归者<sup>⑮</sup>，黎丘之鬼效其子之状，扶而道苦之<sup>⑯</sup>。丈人归，酒醒，而诮其子曰<sup>⑰</sup>："吾为汝父也，岂谓不慈哉<sup>⑱</sup>？我醉，汝道苦我，何故？"其子泣而触地曰[19]："孽矣[20]! 无此事也。昔也往责于东邑[21]，人可问也。"其父信之，曰："嘻! 是必夫奇鬼也! 我固尝闻之矣。"明日端复饮于市[22]，欲遇而刺杀之。明旦之市而醉，其真子恐其父之不能反也，遂逝迎之[23]。丈人望其真子，拔剑而刺之。丈人智惑于似其子者，而杀于真子。夫惑于似士者而失于真士，此黎丘丈人之智也。

疑似之迹，不可不察，察之必于其人也[24]。舜为御[25]，尧为左[26]，禹为右[27]，入于泽而问牧童，入于水而问渔师[28]，奚故也? 其知之审也。夫李子之相似者，其母常识之，知之审也。

### 注释

①吴干：宝剑名，传为春秋时吴人干将所铸，故称"吴干"，又名"干将"。

②辩言：能说会道。通：指通达事理。

③见歧道而哭之：因为歧路使人捉摸不定，所以为之哭泣。《淮南子·说林》说哭歧路的是杨朱。

④宅：居。酆：周文王时周的国都，在今陕西户县东。字又作"丰"。镐：周武王的国都，又名镐京、宗周，在今陕西西安市西南，沣水东岸。

⑤葆：通"堡"。小城。王路：大路。

⑥即：如果。

⑦当：通"尝"。

⑧褒姒：周幽王宠妃，本为褒国女子，姒姓，周幽王伐褒时所得。

⑨丽山：在陕西临潼县东南，又作"骊山"。

⑩所用：所以。

⑪平王：周平王，名宜臼，幽王子，公元前770年—公元前720年在位。幽王死，平王为避戎人，迁都于洛邑（今洛阳），是为东周。

⑫秦襄：秦襄公，公元前777年—公元前766年在位。晋文：晋文

侯，名仇，公元前780年—公元前746年存位。劳王：勤王，为天子辛劳尽力。秦襄公、晋文侯都曾护卫乎王东迁，有功于周王朝。

⑬梁：周时诸侯国，后为秦所灭。部：《后汉书·张衡传》李贤注引作"乡"。

⑭子姓：子孙。昆弟：兄弟。

⑮丈人：对老者的尊称。

⑯苦之：折磨他。苦，用作使动。

⑰诮：责备。

⑱谓：为，称作。

⑲触地：指叩头。

⑳孽：妖孽，怪异，这里用如动词。

㉑责：债款，后来写作"债"。这里用作动词，讨债。

㉒端：故意。

㉓逝：往。

㉔疑：似。其人：适当的人，指了解和熟悉这方面情况的人。

㉕御：御者，驾车的人。

㉖左：古时乘车，尊者居左。这里指居于车的左边的尊者。

㉗右：车右，职责是保卫尊者。

㉘渔师：有经验的渔夫。

## 译 文

能使人非常迷惑的，必定是物与物之间非常相似。辨别玉的人担心的，是石头和玉石相似；相剑的人所担心的，是剑与吴钩干将剑相似；英明的君主所担心的，是博闻善辩似乎学术通达的人。失去国家的君主看似贤明，亡国的大臣看似忠诚。相似的东西，让愚笨的人感到困惑，让圣人更加担忧，所以墨子碰到了岔路会号啕大哭。周朝定都丰、镐，这个地方邻近西戎。于是，周王和各家诸侯约定：在大路旁筑起一座高堡，上面放置大鼓；如果戎人入侵，就击鼓报警，彼此传告，各路诸侯兵马都要赶来救援周王。有一次，戎人入侵，幽王击鼓报警，各路诸侯兵马纷纷赶来，幽王的宠姬褒姒看见，开心地大笑起来。后来，幽王想让褒姒高兴，就几次击鼓，弄得各路诸侯几次兴师动众赶到，却不见敌人。最后，戎人真的又打来了，幽王再次击鼓，诸侯兵马却不来了。结果，幽王兵败，死在骊山脚下，为天下人所耻笑。这是因为本来没有敌人来而胡乱击鼓导致真正敌人来了却没有人来救援。贤人会因小恶造成大的错误，褒姒败坏了国家的大事，为了博她一笑而导致整个国家的灭亡。因此，幽王身首在不同的地方，三公九卿纷纷逃窜。这也导致了褒姒的死，而平王为此迁都洛阳，秦襄公、晋文公能以勤王而被赏赐土地。魏国的北部有个叫黎丘的乡村，村里有个奇怪的鬼，喜欢装扮成别人的儿子、侄子、兄长、弟弟的样子。乡村的一个老人到街市上喝醉酒回家，黎丘的鬼装扮成他的儿子的样子，扶着他却在路上折磨他。老人回到家，酒醒后就责骂他的儿子，说："我是你的父亲啊，难道说我对你不够好吗？我喝醉了，你在路上折磨我，这是为什么？"他的儿子哭着磕头碰地说："冤枉啊！没有这样的事啊！昨天我去村东向人讨债，可以问他的。"他的父亲相信他的话，说："呵！那就肯定是那奇鬼啊，我本来曾经听说过的！"他打算第二天特意又到街市上喝酒，想碰上那鬼将它刺死。第二天他前往街市上喝醉了，结果他真的儿子担心父亲不能回家，就前去迎接他。老人看见儿子，拔出剑就刺他。老人的头脑竟被像奇鬼弄糊涂了，因而杀死了自己真正的儿子。那些被冒牌的贤士愚弄糊涂的人，见了真的贤士，反而不能辨认，他们的头脑其实是和黎丘老人一样啊！

看着相似的现象，一定要查清楚它们的本质。明察，就一定找了解实际情况的人。即使圣人舜做马夫，尧为尊者，大禹当车右，进入草泽也要询问牧童，到了水泽也要问渔夫，因为这些人了解得更清楚。孪生的孩子虽然长得很像，但是他们的母亲还是能够辨认出来，就是因为了解他们的情况啊！

# 壹 行

原 文

先王所恶，无恶于不可知①。不可知，则君臣父子兄弟朋友夫妻之际败矣②。十际皆败，乱莫大焉。凡人伦，以十际为安者也，释十际则与麋鹿虎狼无以异，多勇者则为制耳矣。不可知，则无安君无乐亲矣，无荣兄无亲友无尊夫矣。

强大未必王也，而王必强大。王者之所藉以成也何③？藉其威与其利。非强大则其威不威，其利不利。其威不威则不足以禁也，其利不利则不足以劝也④，故贤主必使其威利无敌。故以禁则必止，以劝则必为。威利敌⑤，而忧苦民、行可知者王；威利无敌，而以行不知者亡。小弱而不可知，则强大疑之矣。人之情不能爱其所疑，小弱而大不爱，则无以存。故不可知之道，王者行之，废⑥；强大行之，危；小弱行之，灭。

今行者见大树，必解衣县冠倚剑而寝其下⑦。大树非人之情亲知交也⑧，而安之若此者，信也⑨。陵上巨木，人以为期⑩，易知故也。又况于士乎？士义可知，则期为必矣。又况强大之国？强大之国诚可知，则其王不难矣。

人之所乘船者，为其能浮而不能沈也⑪。世之所以贤君子者，为其能行义而不能行邪辟也。孔子卜，得贲⑫。孔子曰："不吉⑬。"子贡曰："夫贲亦好矣⑭，何谓不吉乎？"孔子曰："夫白而白⑮，黑而黑，夫贲又何好乎?"故贤者所恶于物,无恶于无处⑯。

夫天下之所以恶,莫恶于不可知也。夫不可知,盗不与期,贼不与谋。盗贼大奸也,而犹得所匹偶,又况于欲成大功乎?夫欲成大功,令天下皆轻劝而助之⑰,必之士可知⑱。

**注释**

①不可知:指言行无信、变化无常,令人不可捉摸。

②际:界限,指人们各自应遵守的礼法和道德规范。败:坏。

③藉:借。

④劝:鼓励(向善)。

⑤敌:匹敌,相当。

⑥废:坏,衰落。

⑦县:"悬"的初文。

⑧情亲:感情至深的亲人。

⑨信:信赖。因为大树肯定会给人以荫蔽,所以可以信赖。

⑩期:约会。

⑪沈:古"沉"字。

⑫贲:卦名,六十四卦之一。

⑬不吉:"贲"是文饰的意思,其色斑驳不纯,这里说贲卦"不吉",表示贵在纯粹专一。

⑭夫贲亦好矣:《周易》贲卦卦辞说:"小利有攸往",所以子贡说"夫

贡亦好矣"。

⑮而：则。

⑯处：审度，辨察。

⑰轻：疾，迅猛。劝：受到鼓励，努力。

⑱必之：一定。

 译 文

先王所憎恨的莫过于行为不专一。不专一，君与臣、父与子、兄与弟、朋友之间、夫妻之间的行为准则就会败坏。十种伦理全部败坏，灾祸也没有比这个更大的了。一般来说人和人之间的关系，都是以这十种伦常保持安定的，舍弃这十个伦常，就和虎、鹿、狼没有什么区别了，即便勇武的力士也会被人所制。不能专一这些标准，就不会有安宁的君主，没有取悦双亲之举的人，也就没有尊重兄长，没有亲近的朋友，也没有遵从丈夫的举动了。

国家强盛未必称王于天下，但是能够称王于天下的人肯定是强大的。称王于天下的贤君依靠什么成功的呢？依靠的是他的威严和给人民的利益。国家不强盛就不能够树立权威禁令人民，所给的利益也没有足够的好处来鼓励百姓，因此贤能的君主就必须使得他的权威和给百姓的利益都是谁也不能够比拟的。他可以因此而下令，百姓就会为之而禁止；因此劝勉，百姓就会为之而鼓舞。所施威严和所给利益相差不多，又为百姓忧心、行为又专一的就可以称王于天下；所施威严和所给利益不相当，行为不专一，朝令夕改就会消亡。国家弱小而且又不专一，强盛的国家就会猜忌它。这是人之常情，不会喜爱它所猜忌的，国小力弱而大国又不喜欢，就没有赖以生存的条件。因此，行为不专难治的做法，称王天下的国家实行了它就会荒废功业；强盛的国家实行就有危险；弱小的国家实行就消亡。

如果走路的人看见了一棵大树，必定会解开衣带，挂起帽子，倚伏着剑可以放心地在树下休息了。大树并非是人的亲朋好友，人们还是这么放心它，主要是大树可以依靠。山陵上的大树，人们经常把它作为约会的地方，关键是它可信易知。更何况士人呢？士人的道义诚信专一，人们必定会对他加以期待。又何况是强盛的国家呢？强盛的国家如果能够真诚地行为专一，值得信赖，这么说来，它就可以容易称王于天下。

人们之所以乘船，就是因为船能够漂浮于水面而不会下沉。士人尊敬君子，是因为他们能够秉行道义不走歪门邪道。孔子占卜，占得"贲"，道："不吉利啊！"子贡道："贲卦还算可以了，怎么就说它不吉利呢？"孔子道："白色的就是白色的，黑色的就是黑色的；而贲是杂色，有什么样的好处呢？"因此贤能的人对于万物，最讨厌的就在于它不专一。

天下人所讨厌的，就是不专一和不可信。假如一个人不专一又不可信，那么就是贼也不愿意和他盟约，强盗也不愿意和他同谋。贼、强盗都是很狡诈的人，还能找不到可以信赖的伙伴吗？更何况是想成就伟业的人呢！计划成就伟业，让天下人稍加鼓励就可以来帮助自己的一定是士人的诚信可知。

# 求　人

**原　文**

身定、国安、天下治，必贤人①。古之有天下也者七十一圣②，观于《春秋》，自鲁隐公以至哀公十有二世，其所以得之，所以失之，其术一也：得贤人，国无不安，名无不荣；失贤人，国无不危，名无不辱。

先王之索贤人，无不以也③。极卑极贱，极远极劳。虞用宫之奇、吴用伍子胥之言④，此二国者，虽至于今存可也。则是国可寿也⑤。有能益人之寿者，则人莫不愿之；今寿国有道，而君人者而不求，过矣。

尧传天下于舜，礼之诸侯，妻以二女⑥，臣以十子，身请北面朝之：至卑也。伊尹，庖厨之臣也⑦；傅说，殷之胥靡也⑧，皆上相天子：至贱也。禹东至榑木之地⑨，日出九津⑩，青羌之野⑪，攒树之所⑫，㨉天之山⑬，鸟谷、青丘之乡⑭，黑齿之国⑮；南至交阯、孙朴续㯆之国⑯，丹粟漆树沸水漂漂九阳之山⑰，羽人、裸民之处⑱，不死之乡⑲；西至三危之国⑳，巫山之下㉑，饮露吸气之民㉒，积金之山㉓，其肱、一臂、三面之乡㉔；北至人正之国㉕，夏海之穷㉖，衡山之上㉗，犬戎之国㉘，夸父之野㉙，禺强之所㉚，积水、积石之山㉛。不有懈堕㉜，忧其黔首，颜色黎黑，窍藏不通㉝，步不相过㉞，以求贤人，欲尽地利㉟：至劳也。得陶、化益、真窥、横革、之交五人佐禹㊱，故功绩铭乎金石㊲，著于盘盂㊳

昔者尧朝许由于沛泽之中㊴，曰："十日出而焦火不息㊵，不亦劳乎？夫子为天子㊶，而天下已治矣，请属天下于夫子㊷。"许由辞曰："为天下之不治与？而既已治矣。自为与？鹪鹩巢于林㊸，不过一枝；偃鼠饮于河㊹，不过满腹。归已㊺，君乎！恶用天下㊻？"遂之箕山之下㊼，颍水之阳，耕而食，终身无经天下之色㊽。故贤主之于贤者也，物莫之妨㊾，戚爱习故不以害之㊿，故贤者聚焉。贤者所聚，天地不坏○52，鬼神不害，人事不谋，此五常之本事也○53。

皋子○54，众疑取国，召南宫虔、孔伯产而众口止○55。

晋人欲攻郑，令叔向聘焉○56，视其有人与无人。子产为之诗曰○57："子惠思我○58，褰裳涉洧○59；子不我思，岂无他士○60？"叔向归曰："郑有人，子产在焉，不可攻也。秦、荆近，其诗有异心○61，不可攻也。"晋人乃辍攻郑。孔子曰："《诗》云：'无竞惟人○62。'子产一称而郑国免○63。"

### 注释

①必贤人：一定要依赖贤人。

②七十一圣：具体所指不详。

③以：用。

④虞用宫之奇、吴用伍子胥之言：这是假设之辞。春秋时期，虞国国君没有听从宫之奇的劝谏，吴国国君没有听从伍子胥的劝谏，最终都导致了灭亡。

⑤寿：用如使动。

⑥妻：用如动词，以女嫁人。

⑦臣：奴隶。

⑧说：读。胥靡：刑徒，受刑而罚作劳役的罪人。

⑨榑木：传说中的地名，即扶桑，太阳升起的地方，是东方的尽头。

⑩九津：当为传说中的山名，日出之处。津，崖(依高诱注)。

⑪青羌之野：东方的原野。

⑫攒树之所：树木丛生之处。攒，聚集。

⑬揄天之山：耸入云天的高山。揄，抚。

⑭鸟谷：未详。松皋圆等疑作"旸谷"(见陈奇猷《吕氏春秋校释》引)。青丘：传说中东方海外之国，产九尾狐。

⑮黑齿之国：传说中东方国名，其民皆黑齿。

⑯交阯：古地名，指五岭以南，今广东、广西一带。孙朴续樠：未详，疑为二地名。

⑰丹粟：丹砂，因为形状如粟，故称"丹粟"。沸水：喷泉，多指温泉。沸，泉水喷涌的样子。漂漂：水流急速的样子。九阳之山：南方山名。依五行学说，南方积阳，阳数终于九，故称"九阳之山"。

⑱羽人、裸民：神话传说中的两个国家，据说羽人国的人长着翅膀，裸民国的人不穿衣服。

⑲不死之乡：不死国，传说中的国家，据说那里的人长生不老。

㉑三危：神话中的西方山名，传说山上住着西王母的三只青鸟。

㉑巫山：山名，在四川巫山县东，属巴山山脉。关于这座山也有很多神话传说。

㉒饮露吸气之民：以清虚之道养生全性的仙人。这里指其民所居之处。

㉓积金之山：西方山名。西方属金，所以称为"积金之山"。

㉔其肱：即"奇肱"。奇肱、一臂、三面：都是神话传说中的西方国家。奇肱国的人"一臂三目"，一臂国的人"一臂一目一鼻孔"，三面国人则生着三张脸。

㉕人正：地名，据说在北海。

㉖夏海：大海，指传说中的北海。夏，大。穷：尽头。

㉗衡山：传说中最北方的山。

㉘犬戎：神话传说中的北方之国。

㉙夸父：神话中的勇士，曾与太阳赛跑，半路渴死。

㉚禺强：北海之神，传说人面鸟身。

㉛积水：当为山名。积石：山名，大积石山在今青海省南部，小积石山在今甘肃临夏西北，传说禹疏导河水曾至此二山。

㉜懈堕：懈怠。堕，通"惰"。

㉝窍：九窍。藏：五脏。

㉞步不相过：走路后脚不能超过前脚，步子很小，行动很慢，这是非常疲惫的表现。

㉟尽地利：充分发挥土地生产之利。尽，用如使动。

㊱陶：即皋陶。化益：即伯益。真窥：疑为“直窥”之讹(依毕沅校说),《荀子·成相》作“直成”。直成、横革：也是禹的辅臣，事不详。之交：不详。梁玉绳疑为“支父”之讹，即《贵生》《尊师》等篇的子州支父，然此处与《贵生》《尊师》所载支父事不同，疑未是。

㊲铭：在金石上刻写文字。金：钟鼎等铜器。石：指碑碣等。

㊳盘：浅而敞口的器皿，一般为铜制，用于沐浴或盛物。盂：碗状盛食器。

㊴朝：拜见。沛泽：水草丰茂的大泽。

㊵焦火：炬火。焦，通“爝”。火炬。息：熄灭。

㊶夫子：指许由。

㊷属：交付，委托。

㊸啁噍：鸟名，即鹪鹩，又名桃雀。

㊹偃鼠：鼠类，又作“鼹鼠”。

㊺已：句尾语气词。

㊻恶：何，哪里。

㊼箕山：在河南省登封县东南，后世又名“许由山”。

㊽颍水：源出河南登封县西南，阳：水的北岸。

㊾经：理，治。

㊿妨：妨害。

(51)戚：亲属。爱：爱幸的人。习：近习，身边的人。故：故旧。“戚爱习故”都是“以”的宾语。

(52)坏：毁坏，使衰败。

(53)五常：同“五教”，五种封建伦理道德，即父义、母慈、兄友、弟恭、子孝。

(54)皋子：人名，当为贤者，其事未详。许维遹以为即《列女传》中的“罪子”，亦即伯益。

(55)南宫虔、孔伯产：据文意，当是皋子罗致门下的贤者。

(56)聘：聘问，诸侯间派大夫问候修好。

(57)为之诗：给他诵诗。这是一个双宾语句。子产所诵见《诗经·郑风·褰裳》。

(58)惠：爱。

(59)褰：把衣服提起来。裳：下衣。洧：水名，源出河南登封县东阳城山，春秋时其地属郑。

(60)士：未婚男子。

(61)其诗有异心：子产以男女情爱喻晋郑两国关系，意思是说如果晋不与郑修好（“子不我思”），郑就将与他国结盟（“岂无他士”），所以说“其诗有异心”。在外交场合赋诗言志，这是春秋时期的普遍风气。

(62)无竞惟人：国家强大完全在于有贤人。无，发语词，无义。竞，强。诗句见《诗经·大雅·抑》。

(63)称：这里指诵诗。

## 译文

要使自己安身、国家稳定、天下太平，就一定要任用贤能的人。上古君临天下的有七十一位圣人，从《春秋》中可以看出，自鲁隐公到哀公已经有十二代，其中君主所以用来得到君位，所以失去君位，途径是没有什么差别的：求得贤人，国无不安、名无不显；失去贤人，国无不危、名无不败。

先君为了得到贤能的人，什么都愿意做。见到了贤人，自己愿意做一个卑贱的人；为了求得贤人，自己可以跋山涉水、不辞辛苦。如果虞国听从宫之奇的进谏、吴王计从伍子胥的告诫，这两个国家即使延续到今天也是可能的。这么说，国家是可以长存的。若说有延长人的寿命的方法，没有人不愿意试试；而今有使得国家长存的方法，做君主的不知道追求，这就是大错啊！

尧把天下传给了舜，在诸侯的面前敬礼他，还把自己的两个女儿嫁给了他，让自己的十个儿子做他的臣子，自己则面北拜他，把自己的位置降到了最低。伊尹是个厨房的奴隶，传说是殷商的刑徒，后来却做了天子的相国。这些都是卑贱的人。大禹东行到扶桑，太阳升起的九津、东方的原野，到树木丛生的地方，到摩天的高山、鸟谷、青丘之乡，到黑齿之国；南行到交阯、孙朴、续樠之国，到生产丹粟、生长漆树、泉水喷涌的九阳山，到羽人、裸民之国，到不死国；西行到三危之国，巫山之下，吸风饮露的仙人居住的地方、积金之山，奇肱、一臂、三面之国；北到人正之国，大海尽头，衡山之上，犬戎之国，夸父追日之国，禺强居件之所，积水、积石之山。大禹不敢怠慢，为百姓操劳，面色漆黑，身心疲惫，行路不稳，四处寻求贤能的人，一心使得土地得到充分的利用：这真是勤劳到了极点。结果得到陶、化益、真窥、横革、之交这几个人为自己的得力助手，终于使得自己的功绩铭刻于金石，铭记于盘盂。

以前尧到大泽去拜访许由道："十个太阳都出山了，火炬还是不肯熄灭，这不是徒劳吗？您来做天子，天下会治理得更太平，请让我把天下托付给你吧。"许由推辞道："您这么说的缘由是不是您在位的时候天下得不到好的治理呢？如今已经是天下大治。是为了我自己吗？鹪鹩在林中筑巢所占领的不过是一枝而已啊！鼹鼠到河里喝水，也不过是为了喝饱肚子而已。您还是回去吧！我哪里用得着天下呢？"然后就到了箕山脚下、颍水北岸，种田为生，始终没有治理天下的想法。

因此贤能的君主唯才是用，不会因为是自己的亲属、私爱、近习、故交而去任用他，这样贤人就会聚居到一起了。这些人聚居到一起，天下不会受到什么损害，鬼神不会降灾，他人无法算计，这就是五常的根基。

皋子被大家怀疑为要窃国，他就把南宫虔、孔伯产等贤人招进来，于是大家就停止了非议。晋国要袭击郑国，就派叔向到郑国访问，探查郑国有没有贤能的人。子产向他咏诗："如果你心里在思念我，就请提起衣服渡过洧水；

假如你不把我思念，难道我就没有其他人相随吗？"叔向回到了晋国，道："郑国有贤能的人，子产在位，不能够袭击啊！子产咏诗流露出其他的意思，不能袭击。"晋国于是就停止了这个计划。孔子道：《诗》有云，'国家的强盛在于有贤能的人辅佐。'子产的诗，使得郑国免于一场祸患啊。"

# 察 传

**原 文**

夫得言不可以不察。数传而白为黑，黑为白。故狗似玃<sup>①</sup>，猩似母猴<sup>②</sup>，母猴似人，人之与狗则远矣。此愚者之所以大过也。

闻而审<sup>③</sup>，则为福矣；闻而不审，不若无闻矣。齐桓公闻管子于鲍叔，楚庄闻孙叔敖于沈尹筮，审之也，故国霸诸侯也。吴王闻越王勾践于太宰嚭<sup>④</sup>，智伯闻赵襄子于张武<sup>⑤</sup>，不审也，故国亡身死也。

凡闻言必熟论<sup>⑥</sup>，其于人必验之以理。鲁哀公问于孔子曰："乐正夔一足<sup>⑦</sup>，信乎？"孔子曰："昔者舜欲以乐传教于天下<sup>⑧</sup>，乃令重黎举夔于草莽之中而进之<sup>⑨</sup>，舜以为乐正。夔于是正六律<sup>⑩</sup>，和五声<sup>⑪</sup>，以通八风<sup>⑫</sup>，而天下大服。重黎又欲益求人，舜曰：'夫乐，天地之精也，得失之节也<sup>⑬</sup>，故唯圣人为能和。和，乐之本也。夔能和之以平天下<sup>⑭</sup>，若夔者一而足矣。'故曰'夔一足'，非'一足'也。"宋之丁氏，家无井而出溉汲<sup>⑮</sup>，常一人居外。及其家穿井，告人曰："吾穿井得一人。"有闻而传之者曰："丁氏穿井得一人。"国人道之，闻之于宋君。宋君令人问之于丁氏。丁氏对曰："得一人之使，非得一人于井中也。"求闻之若此，不若无闻也。

子夏之晋，过卫，有读史记者曰[16]："晋师三豕涉河[17]。"子夏曰："非也，是己亥也[18]。夫'己'与'三'相近，'豕'与'亥'相似[19]。"至于晋而问之，则曰"晋师己亥涉河"也。

辞多类非而是，多类是而非。是非之经[20]，不可不分。此圣人之所慎也。然则何以慎？缘物之情及人之情以为所闻[21]，则得之矣。

### 注 释

①玃：兽名，似猕猴而形体较大。

②母猴：兽名，又称猕猴、沐猴。

③而：如果。审：审察。

④太宰嚭：伯嚭，春秋楚人，为吴王夫差太宰，所以称为"太宰嚭"。夫差败越之后，伯嚭接受越人贿赂，极力劝说夫差允许越国求和，使吴国终为越王勾践所灭。

⑤智伯：名瑶，春秋末年晋国六卿之一。赵襄子：名无恤，晋六卿之

一。张武：智伯的家臣。张武劝智伯纠合韩康子、魏桓子把赵襄子围困在晋阳，后韩、赵、魏三家暗中联合，反灭了智伯。

⑥熟论：深入研究、考察。

⑦乐正：乐官之长。夔：人名，善音律，舜时为乐正。

⑧传教：传布教化。古人认为音乐与推行教化关系极大，把音乐看作移风易俗的工具。

⑨重黎：相传尧时掌管时令，

后为舜臣。草莽：草野，指民间。

⑩六律：指音乐上作为基准的各种乐调。古代以长短不同的竹管定音，阴阳各六，阳为律，阴为吕。

⑪五声：指宫商角徵羽五音。

⑫通：调和。八风：八方之风。

⑬节：关键。

⑭平：安定。

⑮溉：灌注。汲：打水。这里"溉""汲"连用，也是打水的意思。

⑯史记：记载历史的书。

⑰豕：猪。涉河：渡黄河。

⑱己亥：干支纪日。

⑲古文"己"与"三"、"豕"与"亥"字形相近易混。

⑳经：界限。

㉑缘：顺着。为：动词，这里指审察。

## 译 文

对于听说到的传言一定要调查清楚。多次辗转相传，这么一来就会颠倒黑白，是非不分。把狗说成是玃，把玃说成是母猴，又说母猴像人，这样传下去的话，人和猴相差太远了。这就是愚昧的人所造成的大错的缘由。

把听说的传闻加以审查的话，就会带来好的结局；如果把听到的传闻不加以核实，还不如不听到的好。齐桓公从鲍叔那边听到了一些管仲的事情，楚庄王从沈尹筮那里听到了孙叔敖的一些情况，听到后加以审察，这也是称霸诸侯的缘由啊！吴王夫差从太宰嚭听说了关于越王勾践的论说，智伯从张武那里听到了赵襄子的议论，听到后不加以审察，所以，国家和人都被消灭了。

一般来说，听到传闻一定要深入审察，关于人的传闻一定要用常理加以检验。鲁定公问孔子道："听说舜的乐工夔只有一只脚，这是真的吗？"孔子道："以前，舜计划用音乐来教化百姓，然后就让重黎经过民间的选拔就把这位乐工请进来，推荐给了舜。舜就任命他为管音乐乐正，以使这位乐工定六律，和谐五音，以调合八风，天下完全被征服了。重黎打算再找像他这样的人，舜说：'音乐是天地的精华，是政治得失的关键，所以只有圣人才可以使得音乐和谐，而和谐是音乐的根本。这位乐工能够和谐音乐而且用它安定百姓，像他这样的人有一个就够了。'因此并不是说这位乐工只有一只脚的意思。"宋国有一个姓丁的人，家里没有井，要出去打水，家里经常有一个人在外专门负责打水。等到他挖了一口井，就告诉别人说："我挖井得到一个人。"有人听到以后，就传言道："丁家打井挖出来一个人。"国人谈论这件事就被宋国的君主听到了，派人问丁氏。丁氏道："我是说得到一个人使唤，不是说从里面挖出来一个人。"对传闻假如这样方法不当地寻根问底，还不如没有听到呢。

子夏到晋国去，经过卫国，听到有人读史书："晋国的军队三豕渡过了黄河。"子夏道："不对啊！'三豕'应是'己亥'。'己'和'三'形体相近，'豕'和'亥'写法很相似。"到了晋国一问，果然说晋军在己亥这天渡过了黄河。

言辞中也有很多似乎错误但是其实是正确的，也有许多似乎正确其实却是错误的。正确和错误的界限，不得不加以区别。这是连圣人都要慎重对待的。既然这样，那么如何慎重对待呢？就是要顺应实际和人事的常理来对听到的传言审察，这样做就可以分清楚是非，从而了解到事情的本来面目。